El Maquinista:

Jíbaro de Corazón

Héctor Manuel Bourdón Román

2015

..

Published by/Publicado por

Books/Libros Leer Es Poder

Rockaway Park, NY, 11694

Cover Design: Frank Gerace
Edición: Lidia Inéz Bourdón Román

Printed/Impreso in the United States.

Título original: **El Maquinista: Jíbaro de Corazón**

ISBN-13:
9781507882634

ISBN-10:
1507882637

Agradecimiento

Mi agradecimiento primero es para Dios y su hijo Jesús, mi Señor y Maestro. Sin la colaboración de mi hermana Lydia Inés, (Inez del Monte), este proyecto se hubiese quedado sólo en un sueño, por eso este libro es más de ella que mío, porque trabajamos más de un año en él. ¡Gracias hermana! No puedo dejar de dar gracias a mis padres Inés Román Lassalle y Baudilio Bourdón Irizarry, que inculcaron en mí ser el amor a Dios y las enseñanzas para ser un hombre de bien. Desde estas páginas no puedo dejar de agradecer a mis catorce hermanos, especialmente a Alejo que sacrificó parte de su juventud para ayudarnos a salir adelante a nuestra familia, sin que nos unieran lazos de sangre; fueron más fuertes nuestros lazos de amor. Él nos ayudó a que nos encumbráramos para ayudar a nuestros padres en la Isla, a terminar de criar a los hermanos más pequeños.

Este libro va dedicado a la memoria de mis padres Inés y Baudilio. A mis hijos Luz Inez, Melissa Diddy, Melinda Cristine y Héctor Manuel Jr. Y muy especialmente a mis once nietos: Alex, Lorenzo, Cynthia, Briana, Héctor III, Keitlin, Nikolas, Noé, Justine, Jaylin, Eile.

nTabla de Contenidos

Oración de agradecimiento

Señor, Dios dueño del tiempo y de la eternidad, tuyo es el hoy y el mañana, el pasado y el futuro. En estos momentos quiero darte las gracias por todo aquello que recibí de ti. Gracias por la vida y por el amor, por las flores, por el aire y por el sol, por la alegría y por el dolor, por todo aquello que se hizo posible y por lo que no fue. Te agradezco por todo lo que me fue posible hacer, todo el trabajo que pude realizar, por todas las cosas que pasaron por mis manos y lo que con ellas pude construir. Te presento a mis seres queridos y a todas las personas amigas que hicieron mi vida más llevadera. Las amistades nuevas y las antiguas, los que están aquí, cerca de mí y todos los que se fueron. A los que puedo ayudar y aquellos con quién compartí la vida, el trabajo, el dolor y la alegría.

Más, también mi Señor, hoy te quiero pedir perdón... perdón por el tiempo perdido, por el dinero mal gastado, por la palabra inútil y el amor desperdiciado... perdón por las obras vacías y por el trabajo mal hecho... perdón por sentir a veces, poco entusiasmo de vivir... perdón, también por la oración que poco a poco fui aplazando y que ahora vengo a presentarte, por todos mis olvidos, descuidos, silencios, nuevamente te pido perdón. Te presento este libro y te ruego que bendigas el tiempo que me quede de vida. Detengo mi vida delante del calendario y te presento mis días que únicamente Tú sabes si llegaré a vivirlos. Hoy te pido por mis parientes y amigos y para mí, la paz y la alegría, la fortaleza y la prudencia, la lucidez y la sabiduría, para que todas las personas que se encuentren en mi camino puedan descubrir en mí un poquito de ti. Quiero vivir cada día que me quede aquí, con optimismo y bondad, llevando a todas partes un corazón lleno de comprensión. Cierra mis oídos a toda falsedad y mis labios a palabras mentirosas, egoístas o que lastimen. Abre sí, mi ser, a todo lo que es bueno. Que mi espíritu sea repleto únicamente de bendiciones para que pueda yo derramarlas por donde pase.

Señor, a las personas que lean este mensaje llénalos de sabiduría, paz y amor. Gracias y Amén

Introducción.

Dice un adagio popular que… "Un hombre no estará completo hasta que no planta un árbol y escribe un libro". En mi vida he tenido la oportunidad de sembrar muchos árboles, porque siendo un jíbaro de campo adentro, hijo y nieto de agricultores, aprendí desde muy pequeño la magia de la Madre Tierra. A mis setenta años he pensado que ya es hora de intentar escribir ese mencionado libro, donde dejaré las memorias a mis seres queridos, como un ejemplo, de que podemos lograr todo lo que nos propongamos. Mi padre me enseñó con su buen ejemplo a cultivar y amar la tierra desde que apenas era un crio; y aprendí tan bien la lección que jamás lo olvidé.

Y para completar mis enseñanzas, siendo mi madre una poetisa soñadora, nos legó el deseo de volcar en un papel, escribiendo nuestros sentimientos y emociones. Así que tanto mis hermanos, mis sobrinos y yo le heredamos el gusto por las plantas y la tierra a mi padre y escribimos siguiéndole el rastro de la autora de mis días, esa gran mujer que marcó nuestras vidas para siempre, con el toque de su amor. Ya hay varios libros escritos por algunos de mis hermanos, sobrinos y ahora es el turno para intentarlo yo. Muchas personas se burlan del sueño americano y piensan que es un mito. Yo sé que cualquier ser humano, sea mujer u hombre que se esfuerce para cumplir con sus metas lo logrará. Así que más que el sueño americano, el sueño es tuyo y debes realizarlo, creo que es un deber inherente a todo ser humano. Si esa persona tiene fe inquebrantable en Dios y confianza en que tiene la capacidad para hacerlo, se prepara y lo hace. Y el ser humano no sólo tiene un sueño o una meta, sino que tiene muchos de ellos, que va cumpliendo poco a poco. Algunas de esos sueños son más difíciles que otros, pero todos son posibles. Y a mi edad, todavía tengo metas que cumplir y sueños que alcanzar. A veces me sorprendo cuando le pregunto a algunos jóvenes que cuáles son sus metas y me contestan: "No sé, no creo tener metas definidas."

Esas respuestas me causan inquietud, porque yo, desde niño, ya sabía que quería estudiar una carrera, quería darle lo mejor a mis padres y hermanos, quería formar una familia, trabajar en un trabajo que me gustara hacer y, de alguna manera, servir en mi vecindario. Prácticamente he ido logrando mis sueños y todavía tengo algunos que cumplir. Pienso que las personas que no tienen metas están listas para abandonar este mundo. Eso es muy doloroso, pero más doloroso es cuando intentas inculcarles esas ideas a los jóvenes y muchos de ellos se burlan y no hacen nada para mejorar. Aquí en Norteamérica hay muchas oportunidades de estudiar y de mejorar tu vida. De cómo, cuándo y por qué logré mis sueños es de lo que se trata **El maquinista: Jíbaro de Corazón.** El haber nacido en una bella isla caribeña, de sangre y corazón ardientes, que estaba sujeta a las "reglas" de Estados Unidos, era lógico que soñara con salir de allí a buscar una mejor forma de vivir. Sin embargo siempre tuve el deseo fervoroso de regresar a tierra que me vio nacer y casi todos los años la visitaba. El amor por mi patria no ha menguado con los años, muy al contrario, deseo pasar los últimos años que me queden en ella y dedicarme a disfrutar de lo que no conozco de su suelo. Ese amor por Puerto Rico, que llevo tan arraigado y es tan intenso, nos lo inculcaron mis padres a mis hermanos y a mí.

Más adelante incluiré algunos de los poemas y canciones que este servidor compuso para nuestra Isla del Encanto. Tal vez por eso en ningún lugar me encuentro tan pleno y lleno de vida como en mi Puerto Rico; pero como me enseñó mi madre, aprendí a hacer limonada con mis limones y a vivir agradecido, en cualquier lugar del planeta donde me encuentre. A veces me gusta pensar que soy un viajero del mundo, en el tiempo, aunque sea a través de mis sueños, mis lecturas y las maravillosas personas que he ido conociendo y apreciando. Espero que quienes lean mis memorias reciban muchas bendiciones y que éstas les ayuden aunque sea para reflexionar. Tal vez sientan la curiosidad de preguntarse cuál será su sueño, su meta. En nuestra vida es muy importante saber quiénes somos, de dónde venimos, cuál es nuestra misión en la vida y hacia dónde vamos. Con esas preguntas contestadas y claras podremos emprender un nuevo camino o continuar nuestro viaje. Quisiera que todos mis lectores aprecien el viaje de este Jíbaro de puro corazón que del pueblo de Moca llegó a manejar por veinte años un tren del subterráneo de la gran ciudad de Nueva York. Esos son mis deseos y se los envío con mucho amor…,

Héctor Manuel Bourdón Román

Mi nacimiento

Nací en un pueblo maravilloso al noreste de Puerto Rico, Moca; y en un barrio muy pintoresco, Capá. Moca es conocido por sus gente solidaria, por su suelo rico para la agricultura y por sus montes, cerros y valles hermosos. Ahora también es conocido por ser "La meca del cine", porque se filmó hace muchos años una película en su suelo. También se conoce cómo la "Ciudad del Mundillo", por ese raro arte de tejer con las manos, que tiene su nacimiento en Moca. Y otros conocen a Moca por la "Ciudad de los vampiros" y el "Pueblo del camarón". Mi pueblo, además tiene gente que ha puesto su nombre en alto y uno de ellos es Henrique Lagueres, gran educador y famoso escritor, que nació en el barrio Aceitunas. (Fue uno de los maestros de mi madre Inés).

Cuando yo nací, el 17 de febrero del año 1943, la principal fuente de ingresos en toda la Isla lo era la caña de azúcar, el café y los frutos menores. Así que cuando mis ojos supieron distinguir las formas de las cosas físicas, se maravillaron de tanta hermosura y de tantos colores para admirar. El barrio Capá donde me tocó nacer y crecer, tenía montes, valles y quebradas. Los pájaros eran los que le daban el colorido magistral con sus trinos y sus melodías, las cuales desde muy joven aprendí a distinguir según el ave que trinara. Baudilio Bourdón e Inés Román se casaron muy enamorados y sus sueños eran tener muchos hijos. Por eso al pasar casi cinco años sin poder tenerlos, decidieron buscar un niño necesitado y fue acogido cómo su primer hijo. Recién que ellos se casaron fueron a vivir al pueblo de

Aguadilla, distrito al cual pertenece Moca. Pero nos contaba mi madre, que ocurrió una tragedia en el vecindario donde fueron a vivir y ella quiso que regresaran a su barrio, donde ambos nacieron y se criaron. (Sobre esa tragedia escribirá más adelante Inés del Monte, en sus **Cuentos de camino**.)

Estando viviendo en Aguadilla, mi madre se encontró con una señora conocida, que era de nuestro mismo barrio y tenía varios hijos, todos de diferentes padres. La mujer trabajaba de noche y casi no tenía tiempo para atender a sus hijos. En aquellos tiempos ellos no sabían de adopción, porque eran gente de campo, pero se decidieron criar como suyos, a uno de los hijos de aquella señora y allí lo fueron a buscar mis padres. De los varios hijos que la señora tenía, mi madre decidió que el más que la necesitaba era Alejandro, un niño de seis o siete años de edad, que parecía tener muchos menos, por su raquitismo. Estaba enfermo, desnutrido y descuidado. Era de cabellos rubios, carita pecosa y unos ojos saltones y curiosos. Fue llevado de inmediato al doctor, que les informó que el niño comía . tierra y por ello tenía ictericia y muchos parásitos. Mis primos, al enterarse de este dato curioso, desde entonces le pusieron de mal nombre, "Come tosca". (Cuando éramos niños todos teníamos un mal nombre y el mío era "Manila). Al año de estar mi hermano Alejandro en la casa, Dios bendijo a mis padres y nací yo. Fue tan grande y larga la bendición inicial que llegaron a procrear catorce hijos; siete varones y siete hembras. Yo fui el primero de los varones y Lydia Inés (Yiya) la mayor de las hembras. Mi nacimiento fue una celebración para mi familia y una bendición para mis padres. Siempre me sentí muy amado por ellos. Tal vez por eso, en agradecimiento, me he quedado como el "patriarca" de mis hermanos, como me dicen algunos de mis amigos. Mi hermano Alejandro, al verme nacer, me recibió con mucho amor y siempre me cuidó como su hermanito menor. Esos lazos de hermandad fueron creciendo con el pasar de los años y del tiempo y aún ahora, ya en los albores de nuestra "Tercera Edad" en que ambos navegamos, el respeto, la confianza y el amor perduran en mi corazón. El se retiró de su trabajo en Detroit, Michigan y vive en Puerto Rico, en el pueblo de Moca, que lo vio crecer, porque nació en Aguadilla.

Mi padre

Mis padres hacían una bella pareja y nos daban el amor incondicional a manos llenas. Ellos fueron los primeros y más importantes maestros en mi crecimiento y formación como hombre. Mi padre, aunque era muy regañón, se convirtió en el maestro eficaz que yo necesitaba, en todo lo que tuviera que ver con la agricultura, las siembras, el amor por la tierra y el trabajo. Y mi madre fue el dulce modelo de la mujer perfecta, inteligente y bella, que todo niño desea tener. Estando con ella la vida me parecía un paraíso terrenal, aunque hubiera circunstancias adversas. Por todas esas razones y más, a pesar de que éramos pobres, yo creía que éramos ricos, (lo que hoy se conoce por clase media). Mi madre, que administraba las finanzas del hogar, lo hacía de tal prodigiosa manera, que la escasez "casi" no se notaba. Y mi padre trabajaba de sol a sol como chofer, conductor de camiones durante la Zafra y luego para el [1]"Tiempo

---

[1]Periodo de desempleos

Muerto', cuando pasaba la zafra, trabajaba de albañil y carpintero. Era agricultor de tiempo completo y sembraba todos los frutos menores que consumíamos, tales como plátanos, guineos, yautía, yuca, batata, ñames y de todos los granos: gandules, habichuelas, habas, frijoles, etc. Los árboles de panapén, aguacate, toronja, chinas y mango que estaban sembrados alrededor de nuestra casa, fueron sembrados por él mismo. También había algunos animales que completaban nuestra dieta diaria. Había gallinas, que nos ofrecían sus huevos; una vaca, que daba leche; lechones, que se mataban en la casa o se vendían; y a veces teníamos una cabra, porque a mi padre le gustaba más la leche de ellas, que la de vaca; y un caballo casi nunca faltó, porque era instrumento especial para el transporte de mi progenitor. Esos animales nos eran muy necesarios para nuestra supervivencia y los cuidábamos con mucho respeto y amor.

Mi padre era muy laborioso y siempre tenía un proyecto en mente, para buscar el dinero y mantener el hogar. Usaba todos los recursos de la naturaleza que tenía a la mano para sacarle provecho a la tierra. En nuestra casa todos teníamos que trabajar, desde el más grande al más pequeño. Son varios los ejemplos que daré en estas páginas de esas labores que realizábamos. Aunque siempre vi al Viejo desempeñar cualquier trabajo que realizara con amor, su gran pasión fue la agricultura. Él disfrutaba mucho al ver crecer las plantas y desde que plantaba las semillas, hasta que recogía el fruto, las cuidaba con amoroso empeño.

Eso de reciclar, que ahora está muy de moda, lo hacía ya mi padre desde siempre y nos lo enseñó a sus hijos y a los muchos aprendices que tuvo en su vida. Con el estiércol de los animales se acondicionaba y fertilizaba el terreno para que las cosechas fueran de mejor calidad. Él mismo le cortaba las hierbas malas y cuidaba las plantas con esmero y amor. Fue además de agricultor, conductor de camiones pesados de caña de azúcar, albañil, carpintero y negociante. En su labor como conductor de camiones eran frecuentes los accidentes, especialmente en el cañaveral. Como consecuencia de uno de esos accidentes, le fue amputado el dedo meñique del pie derecho y parte de la "batata" de la misma pierna.

Por tal razón desde entonces, su carácter se amargó un poco y ya no tenía la misma agilidad y creo que por eso se sentía un poco acomplejado. Cuando el mencionado accidente ocurrió yo tendría algunos siete años de edad. Su más grande orgullo y del que presumía, éramos sus hijos y quiso que aprendiéramos a amar el trabajo, por sobre todas las cosas; por eso estaba en contra de los juegos, porque decía que eso nos hacía distraer y perder el tiempo. Pasábamos mucho tiempo con el Viejo y aprendimos mucho de él, por lo que me sentía muy orgulloso de tenerlo como padre, (aunque muchas veces me sacó de quicio). Admiraba mucho cuando él comenzaba sus trabajos de carpintería, porque lo hacía con devoción y cuidando cada detalle de su hacer. Nuestra casa fue su obra maestra; tenía dos niveles y estaba hecha de retazos de madera, techada de zinc y de cartón. Estaba construida sobre una loma y desde allí se veían varios pueblos a la redonda. A pesar de la humildad y de la escasez de lujos materiales, mi hogar fue maravilloso. Los alrededores de la vivienda estaban rodeados de numerosos árboles frutales. Desde niños se nos enseñó a hacer una suerte de trabajos, que nos ayudaron en el sendero de nuestra vida. Hacíamos carboneras para usar el carbón en nuestro fogón y para vender y hacer un poco de dinero.

Cuando la luna estaba en su fase de menguante, en las horas de la tarde, que era cuando hacía más fresco, solíamos irnos todos a cortar [2]'*espeques*' de los árboles y cortar caña india (bambú) y caña fístula, para cercar los corrales de los pocos animales que había en la casa. También cortábamos palmas reales, que se vendía y que se usaba como madera para construir o reconstruir casas. Tumbábamos racimos de granos de la palma real, que se usaban en nuestro corral o se vendía para alimento de cerdos. De esta misma palma, se sacaba además, los brotes llamados palmillo, que mi mamá cocinaba y acompañado con arroz blanco o con alguna vianda y vegetales era muy rico.Se buscaba arena y piedras de la quebrada, del caño y del río. Para tal menester, mi padre, mis hermanos y yo preparábamos una [3]'*parihuela*' que era arrastrada por el único caballo que teníamos para llevar estos materiales hasta la casa, donde se usaban en las diferentes construcciones. La pesca de camarones y anguilas era otra fuente de alimentación que nos ayudaba en nuestra dieta y la forma de ganar dinero adicional para ayudar en la economía del hogar. Aunque los productos se sembraban en pequeñas escalas, mayormente para el consumo de la casa, parte del [4]*excedente* se vendía y se compartía con los vecinos que no tenían terreno donde sembrar. Mis podres siempre compartieron nuestra abundancia con los vecinos y

---

[2] Palanca o barra de madera resistente
[3] Utensilio en forma de plataforma o camilla, para transportar cosas
[4] Sobrante; lo que sobra

eso fue una regla que quedó impresa en nuestro archivo alma, para siempre.

Otro trabajo era recoger café en el monte de Toribio Lassalle, con lo que devengábamos un suelto. Las medidas que usábamos eran por almudes y recogíamos varios de ellos. El dueño del monte nos daba permiso para recoger el "café del suelo" y ese lo vendíamos y el dinero era nuestro; a veces en vez de venderlo lo usábamos para nuestro consumo. La recogida del café no era una de las labores que más me gustaban. Detestaba recoger el grano por varias razones peligrosas. Primero estaba el frio y húmedo ambiente del cafetal, que nos provocaba asma bronquial, cataros y en casos graves tuberculosis. Las picaduras de los insectos eran otro de los peligros que nos acechaban, tarántulas, avispas, hormigas, escorpiones, y la temible yerba conocida como ortiga. Al Viejo, (así llamaba a mi progenitor) siempre le gustaban los negocios. Don Toribio, (que era el abuelo de mi tío Germán), le dejaba sembrar caña en terrenos y lugares difíciles de sembrar y mi padre sembraba caña de azúcar y en la zafra vendía varias toneladas que era la medida que se usaba en las Central Plata y Central Coloso. Le arrendó una pequeña finca a una señora de nombre María Cruz, que era un terreno montañoso y allí sembró caña de azúcar también. Antes de arrendar esa finca hizo una tienda para vender víveres pero como era tan humanamente dadivoso, la gente solo compraba a crédito y no pagaban, al poco tiempo se fue a la quiebra. Recuerdo que Pay, tenía su propia ruta para vender pan, pero quienes "repartían" el pan en los diferentes hogares eran mis hermanos mayores y yo; Alejo, César y mi primo Carlos, (Timpa).

Ese negocio también se fue a la quiebra, por la misma razón; la gente compraba a crédito y luego no pagaban y se agotaba el capital para comprar más mercancía. Mi padre era muy dadivoso y ultraísta y las cualidades más bonitas que recuerdo de él fue la solidaridad que usaba para con los vecinos. En tiempos de cosechas, los mejores frutos se las regalaban. Sus hijos aprendimos de su ejemplo a ser como él y siempre estamos prestos para ayudar al necesitado y les hemos enseñado a las generaciones que nos preceden a que hagan lo mismo. Mi padre era admirado, respetado y querido por todos los que lo conocieron, porque tenía un corazón de oro y una moral intachable. Las mujeres lo buscaban, porque además de guapo, era respetuoso y nunca se propasó con ninguna de ellas. Otro de sus atributos era que tenía una facilidad de palabra que encantaba escucharlo. Nunca se le conoció desliz alguno que pudiera ofender a mi madre y poner en riesgo su matrimonio. Era tan dadivoso y cariñoso, que a mí me sorprendía cuando se enojaba y se convertía en un tirano. Mi madre nos enseñó a respetarlo y quererlo sin juzgarlo. Así que en casa su palabra era la ley indiscutible. La única persona que se atrevía a desafiarlo y parecía no tenerle miedo, era mi hermana Lydia Inés (Yiya). Ella le argumentaba cuando creía que él era injusto, sin importarle que le diera una golpiza. Sin embargo, a esa hija rebelde era a la que más admiraba y quería, mi padre.

Algunas veces él solía decir: —"Esa hija mía me va hacer cometer una locura. Es la "changa". No entiendo cómo es *que los pájaros le quieren tirar a las escopetas.*» Nunca comprendí como mi hermana no sentía miedo del Viejo, si ante su tono de enojo todos temblábamos de temor

8

y bajábamos la cabeza con respeto. Mi madre decía: –"Esta Negra mía, no sé a quién habrá salida con esa actitud. No le teme a casi nada ni a nadie."

Mi madre

El nombre de mi madre era Inés y de apodo le decían Sita, como la mitad del diminutivo de Ine-Sita, tampoco comprendía por qué razón, cuando todos le decían Mamita, Mita y May, yo me acostumbré a llamarla Sita o Vieja. Ella fue y ha sido la mujer que más admiré y amé en mi vida; no solamente porque me trajo al mundo, sino por sus sabias enseñanzas y su forma maravillosa de ser. Fue mi primera maestra, confidente y amiga. Poseía una inteligente superior y por ello en dos ocasiones la pasaron de cuarto a sexto grado y de séptimo a noveno. Aunque sólo estudió el noveno grado de escuela secundaria, fue una mujer intelectual y autodidacta; pocas mujeres he conocido con la inteligencia y sabiduría de ella. Nos legó su poesía y sus décimas. Por su amor a la poesía, muchos años después de que murió mi padre, en su vejez, en una de las Fiesta Patronales de Moca, le dieron la Llave del Pueblo, un honor conferido por sus poemas, especialmente el titulado **La fundadora de un pueblo.** A ella le encantaba la música y era mi motivadora. Aunque yo no tenía su sabiduría, ella me enseñaba y me entrenaba para que yo la ayudara, a mi vez, con la crianza de mis 14 hermanos. Me enseñó a cocinar, a lavar ropa y a ser un líder, como dice un adagio en inglés: «*Step-up to the place*»" Me enseñó a soñar, a comprometerme y a ser una persona de acción, carácter e integridad. Ella era, además de poetisa, costurera de profesión y sabía casi todas las labores de la costura, como tejer, bordar, hacer punta de cruz, etc. Mis tíos, Germán y

Goyín, por parte de madre y Aurelia (Leya), por parte de padre, nos mandaban tarjetas con dinero y paquetes con telas y ropa. Ellos estaban viviendo en los Estados Unidos de América, en la ciudad de New York. Con esas cosas que ellos les enviaban, mi madre nos cosía ropa a todos. Además de esposa y madre de un batallón de hijos, ama de casa y excelente cocinera, fue magnífica costurera. Le cosía la ropa de las mujeres del barrio, que casi nunca le pagaban debido a su pobreza y eso nunca fue un obstáculo para que ella dejara de coserles su ropa, siempre con cariño y con amo

Mis abuelos

Los recuerdos de mis abuelos no los tengo muy claros, porque murieron siendo yo muy joven. Mi abuelo paterno Manuel (Ney) murió cuando mi padre era un adolescente; no lo conocí. A su esposa Catalina (Catana), sí la recuerdo, pero estaba siempre enferma, enojada y postrada en una cama. A todos los niños nos provocaba miedo. Recuerdo muy bien cuando murió porque vino mucha gente al velorio, luego al entierro y al novenario. Mi abuela Norberta, la mamá de mi madre, murió cuando yo tenía como tres años, no guardo recuerdos de ella.Y de mi abuelo Majín (Minche) si lo recuerdo con mucho cariño porque era muy bueno con nosotros. Eso sí, recuerdo una anécdota no muy placentera. Una tarde en que abuelo Magín y tía Goyín se fueron a visitas a madrina Mena, nos quedamos Raúl, otros primos y yo. Nos fuimos a novelerear por los alrededores de la casa y sentimos un profundo olor a guineos maduros. Mi abuelo Minche echaba los guineos verdes dentro de un saco y los colgaba del plafón. −"¿Crees que estarán maduros esos guineos?"

Le pregunté a Raúl. "No sé, Manolo." –"¡Con ese olor que tienen, seguro que deben estar maduros!" Nos trepamos por la ventana de la cocina y con una navaja yen yo le di un tajito al saco. Cayeron los guineos y nos cominos, entre él y yo, medio racimo.

Cuando mi abuelo bajó el saco faltaba mitad del racimo. Agarró a Raúl por el cuello y le preguntó quién se había comido los guineos. Esa tarde Raúl no quiso comer porque estaba 'jarto' de todos los que se había comido. –"O me dices quién se los comió, o te retuerzo el pescuezo." – "Fue Manolo…" Vi venir a abuelo Magín, subiendo la cuesta de casa, *«como el que no quería la cosa»*, escondiendo un palo detrás de la espalda y me escondí. Escuché que le preguntó a mi madre: "Sita, ¿el nene está por ahí?" "Cuál de ellos?" "Cuál va a ser?.. El Negrito lindo…" Mi madre me llamó, pero ya yo estaba en el último soco, en lo profundo de debajo de la casa. No me di cuenta que mi abuelo había cogido la vara de tumbar las panas y me sacó de allí a puyazos. Comencé a gritar y la 'Vieja' vino en mi auxilio. Le dijo al abuelo: –"¡Papa, me lo vas a matar! ¿Qué fue lo que hizo para que tc pongas así?" –"¡Este sinvergüenza se me comió medio racimo de guineo manzanos que tenía madurando en un saco!" ¡No volví a comer guineos maduros por buen tiempo!

Anécdotas y travesuras

Otra de las travesuras que recuerdo con jocosidad, fue una tarde que me escondí para escuchar una conversación que tenían mis primos mayores Nordy, Rubén, Oscar y Alex. Estaban hablando sobre una 'jeba' a quienes ellos les habían hecho el amor. Poniendo la oreja escuché el nombre de la 'chica' y me propuse hacerle el amor en la primera oportunidad que se me presentara. Era una amiguita de todos, pero no era familia de ninguno de nosotros.

Un día frente al camino, en la barraca de José Soto me encontré con la joven. Yo tendría algunos 11 años de edad. Mi perro Popi iba conmigo, porque éramos inseparables. Me le acerqué a la chica y le ofrecí una peseta 25¢ para hacerle el amor. ¡Fue una peseta perdida, primero porque yo no sabía lo que era hacer el amor y ni siquiera sabía limpiarme bien el fondillo!; y segundo porque Popi se quedó haciendo guardia y meneando el rabo. Y no bien me metí a la barraca con la chica y me estaba bajando los pantalanes, cuando escuché a mi padre que venía montado en el caballo. Al ver al perro le pregunto: −"Popi, ¿qué tú haces ahí? ¿Dónde está Manolo?"El perro meneaba la cola y yo le hacía señas, para que se fuera, pero el meneaba más la cola, como si yo le estuviera haciendo gracias. Me puse lo pantalones «*más rápido que ligero*», como un rayo, pero mi Viejo siguió y no se dio cuenta de nada. A los pocos día mi padre me dijo:−"Ese perro tuyo siempre está contigo,… ¡qué raro! ¿Qué haría en la barraca (tormentera) de José Soto?" −"Estaría buscando un ratón. Tú sabes cómo están los ratones por ahí." Le contesté.

Otra de las peripecias fue que mi padre compró un machete nuevo y se lo prestó a Alejo para que cortara yerba para la vaca. Nos fuimos para la quebrada y Alex me prestó el machete y yo haciéndome grande le di un machetazo a un palo de pomarrosa y el machete se partió en dos pedazos. Alex me dijo: −"Ahora el Viejo nos mata a los dos… y como yo se lo cogí prestado a mí me va a dar más duro." Hicimos un pacto para decir una mentira a ver si lográbamos engañar al viejo y por la misericordia de Dios nos librábamos de una golpiza. Le digo a Alex: –"Yo le digo que tú me prestaste el machete y que yo me resbalé por el barranco y al afirmarme el machete se partió en dos."

–"Llénate de bache en un lado del pantalón, como si en verdad te hubieses caído." Alex me aconsejó.

Así lo hicimos y cuando llegamos a la casa con la cara de llorones, nuestro padre nos pregunta, sarcástico:

–"¿Qué les pasó que traen esa cara de 'angelitos'?"– "¡Qué me resbalé por el barranco y por poco y me mato y afirmé con el machete y se rompió en dos cantos!" Le dije a mi padre. –"¡[5]*Ubre*, eso es lo que son dos ubres!" Nos dijo el viejo con una de sus expresiones favoritas, al referirse a nosotros cuando cometíamos un error. ¡Pero se lo creyó y no nos hico nada!

La tía Tina, hermana de mi padre y madre de Grego, tenía fama de ser sentimental, porque lloraba con una rapidez increíble. Una vez, debajo de su casa, Grego y yo estábamos cantando el bolero del cantante ecuatoriano Julio Jaramillo, titulado **De cigarro en cigarro**. Ese era mi bolero favorito y lo cantaba muy bien. Cuando mi tía me escuchó cantando salió corriendo y se me tiró en los brazos llorando. Me asombré mucho con su reacción y le pregunté: "¿Qué le sucede, tía Tina?" "¡Tienes la misma voz de tu padre!" Me dijo llorando como una Magdalena.

.

---

[5]La expresión ubre era para decirnos inútiles, y ubre son las tetas de la vaca o cabra.

El caballo de mi padre, era muy pintoresco, por eso le decíamos 'Tres filo' de tan flaco que era. Mi padre hizo unos 'aparejos' y como pudo los rellenó con hojas de guineos. Era en tiempo de zafra y los camiones pesados al pasar por el camino de tierra dejaban unas zanjas, que al llover se llenaban de agua. Le enganchó el aparejo a Tres Filos y me dijo que lo probara dando una vuelta. Yo muy 'cueco' le dije que estaba bien. Me encaramé en Tres Filos y cuando iba frente de la casa de abuelo Majín el caballo resbaló y caímos yo y el aparejo en la zanja de agua. Por poco y me ahogo. Mi padre en vez de ayudarme sólo me dijo, muerto de la risa:–"¡Ubre, levántate!" ¡Jamás me animé a montar Tres Filos, que poco tiempo después murió desnutrido!

La casa del maestro Toribio Lasalle, era la única 'mansión' rústica que conocíamos en el barrio. Era de dos plantas con una larga escalera y un balcón y era la casona (más que mansión), de madera y que con los años se fue deteriorando. En el primer piso estaba la máquina de moler el café y al lado estaba el enorme grácil, donde se lavaba y se secaba el café. En el primer piso también había una habitación que a veces alquilaban. Recuerdo que uno de los inquilinos fue un señor que vino del pueblo de Lares de nombre don Miguel y tenía una esposa despampanante, muy bella, de nombre Margot. Todos estaban enamorados a lo adivino de tremenda hembra. Mi tío Sico, que era temerario, le ponía canciones de amor en la vellonera y el barbero estaba celoso. Era un hombre taciturno y de armas tomadas y se le presentó la ocasión de cobrarse el abuso de mi tío. Así que cuando mi tío se fue a cortar y, con su navaja corva trató de desgargantarlo. Gracias a Dios que allí estaba mi tío Yun, que era primo de Sico y que era muy valiente, especialmente con cuatro tragos encima. Agarró a Miguel por el pecho y lo tiró encima de unas mayas que había detrás de la casona de Toribio. Este hombre, celoso, estuvo a punto de matar a mi tío político Francisco, dejándole el cuello guindando. ¡Sico se salvó por un pelo!

Mis hermanos

Mi niñez en Puerto Rico, con mis numerosos hermanos y yo como líder, fue inolvidable y maravillosa. Las tareas del hogar como buscar leña, cortar caña y yerbas, buscar agua en el pozo de manantial, no parecían tan malas al verlas desde las distancia y por la alegría de estar con mis hermanos, tirando piedras para deshojar las [6]*g uajanas* de las cañas en el mes de diciembre, tumbar las panas y buscar racimos de guineos en el monte de don Toñito Román y todas esas labores, eran parte de la vida cotidiana que disfrutaba al máximo. Una vez mi hermano Alejo y yo nos tocó ir a tumbar las panas al monte de Toribio Lassalle. Mi hermano se trepó al palo y tumbó la primera de ellas y me dijo: –"Esa vale más de cinco pesos, de tan grande que es, así que ten cuidado de que no se te pierda." Yo le aseguré de que me iba a mantener al pendiente para seguir sus instrucciones al pie de la letra y estando listo le dije: –"No te preocupes que ya la tengo." Corrí detrás de la pana para agarrarla y me tropecé con un avispero y las avispas, que eran americanas, (se tenía la costumbre de decir que todo lo grande era americano), me

---

[6]Flor de la caña de azúcar

picaron por todas partes, hasta dentro del pelo. Salí corriendo y dando gritos «como alma que lleva el diablo», llamando a mi madre. Desde casa ella me escuchó gritar y salió a buscarme corriendo como una loca, pensando sabe Dios qué cosa me había pasado para que gritara así. Yo me había metido por dentro del cañaveral para atrechar y llegar más rápido a casa y al llegar no encontré a mi Vieja. Ella dio la vuelta por la casa de mis abuelos y al no encontrarme comenzó a gritar, desesperada mi nombre. Al llegar a casa y al verme hinchado, pero completo, me abrazó como si le hubiese vuelto el alma al cuerpo. Fue una experiencia muy emotiva y dolorosa para los dos. En otra ocasión mi padre, Alex y yo estábamos poniendo un alambre de púas para cercar las cañas, porque cuando crecían se caían para los lados del camino, impidiendo el paso. Estando clavando uno de los espeques, una avispa picó a mi hermano y él maldiciendo se cagó en Dios; y mi padre, que en su presencia, no nos permitía decir ninguna clase de maldiciones o malas palabras, le pegó un planazo en la espalda como castigo. Alex le preguntó que por qué le pegaba encima de que lo picó la avispa. Y mi padre le contestó: –"Lo he hecho porque has profanado el nombre de Dios, con tu sucia boca y eso no lo hace un hombre de bien." Una tarde hicimos un columpio colgado del árbol de pana, que quedaba pegado de la casa y felices de la vida nos columpiábamos, empujándonos. En una de las tiradas, Alex se cayó y se rompió un brazo.

Mi padre, muy enojado y preocupado de que algo similar volviera a pasar, nos destrozó el columpio. Otro de los momentos mágicos que más disfrutábamos era cuando llovía y después de escampar del aguacero, nos metíamos en los charcos de agua. Estos charcos se formaban al llenarse las pisadas que dejaban los bueyes y los caballos en el suelo; estas marcas eran profundas por el peso de las carretas, o de las personas que los animales cargaban. Uno de los recuerdos dolorosos de mi memoria fue cuando Estefanía, la esposa de mi tío Félix, (Yun), se volvió loca. Nos dio mucha compasión por ver el sufrimiento de mis primos Luís, Carlos (Timpa), Gloria, Carmen María (Ita), José Antonio (Lungo) y Laura (Tata). Los separaron y cada uno de ellos se fue con una tía o con sus padrinos. En un principio no comprendí del porqué ninguno se quedó en nuestra casa, si éramos los vecinos y familia más cercanos. Mi madre, me hizo comprender la razón y esta fue que en casa ya habíamos demasiados. Aunque después comprendí que no fue esa la única razón. La verdad fue que encerraron a mi tía en su propia casa y sus gritos eran aterradores y no querían que sus hijos escucharan y sufrieran el martirio tan terrible que eso sería para ellos o para cualquier hijo. (Creo que la pena más grande para un niño debe ser que lo separen de su madre.) Los momentos de mi niñez que recuerdos con más alegría, siempre fueron la época de Navidad; especialmente los velorios de la Noche de Reyes, que se celebraban en la casa de don Tito Cruz, el vecino y hombre más tacaño y avaro que conocí en mi vida, mucho más que Lorenzo Pellot, otro tacaño del vecindario.

La celebración de los velorios, la víspera y el Día de Los Reyes Magos eran una manera de los jóvenes tener cierta independencia, escapando un poco de la custodia de los padres y teniendo esas dos noches de libertad. Ir esas noches a la casa de don Tito Cruz era algo especial y divertido para nosotros. Él daba la impresión de ser muy

17

"santificado", pero era una fachada de su personalidad doble porque todos sabíamos la clase de persona que era. Sin embargo, su esposa doña Pancha, era un ser humano extraordinario y muy dadivosa; todo lo contrario de él. Era curioso ver cómo se reclinaba y rezaba El Santo Rosario, con una devoción de un verdadero beato; le cambiaba la voz y parecía transformarse en otro hombre. Su voz melodiosa recitaba el Rosario con maestría y no se equivocaba en las Casas ni en los Santos Misterios. Tal vez a alguien que no le conociera pudiera engañarlo, pero a los jóvenes esa actuación suya, nos provocaba la mar de risas. Otro dato que nos parecía curioso y mal intencionado de su parte era su afán de mencionar a tantos santos, incluyendo las Once mil vírgenes. En esa época ninguno de los jóvenes estábamos para esas "rezanderas" tan largas. Nos importaban más al queso, las galletas y al chocolate porque siempre teníamos hambre. Él parecía que lo sabía, y para mortificarnos, de maldad, hacía el Rosario más largo. Mi tío Rosendo y su amigo Cando Crespo, que no se perdían ninguna de estas celebraciones, nos decían para asustarnos, que gozáramos y riéramos en aquel momento porque al regreso a la casa íbamos a necesitar el queso y el chocolate para enfrentar a los fantasmas de la noche. Decían muchas historias, tal vez inventadas o que las habían escuchado del folklore popular, pero igual nos asustábamos. Había una entre ellas, que se decía que sucedía en nuestro popular camino o callejón que teníamos que caminar para llegar a casa. Decían, con voz de miedo, que cuando llegáramos a la finca de Polo, nos íbamos a cagar encima, porque esa noche salían los famosos perros que arrastraban cadenas.

Al escuchar aquello relatos se nos quitaba las ganas del queso y de las galletas.

Como dije antes, Don Tito, "dizque" que era muy religioso, pero cuando alguien iba a su colmado a comprar una libra de sal y le faltaba un "chavo" (un centavo), si no tenía crédito, no se la despachaba. A pesar de que él era tan "tacaño", su esposa, doña Pancha era todo lo contrario y todos la adorábamos. Ellos procrearon cuatro, dos de cada sexo, excelentes personas que no tenían nada heredado de su progenitor. El menor se llamaba Iris, un nombre de mujer que no le iba a su hombría; y el mayor Moncho, (Ramón). Mientras Moncho era arrogante y orgulloso, Iris, era sencillo, jovial y muy amiguero. Iris tocaba muy bien la guitarra y cantaba. Tenía un automóvil Chevrolet Power Glide del año 1952. Como teníamos que caminar a pies para llegar a la escuela, cuando él pasaba, conduciendo su automóvil, se detenía y nos daba "pon"; en cambio Moncho que tenía un Buick más grande, nunca nos dio pon y pasaba a nuestro lado como si no nos conociera. Los dos hermanos sirvieron en el ejército y pelearon en la Guerra de Corea.

Fue una pena muy grande para todos, la noticia del trágico destino de nuestro querido Iris. Llegó gravemente herido de la guerra y murió pocos meses después. Según supimos por boca de nuestro amigo Lelo, el hijo de Juan Lassalle, al parecer los coreanos le tiraron unas granadas al grupo de soldados de la infantería donde estaba nuestro amigo, con tan mala suerte que le perforaron la espalda. No se murió enseguida y lo trajeron a morir a nuestra Isla. Él era un hombre físicamente bien parecido, tenía ojos verdes, y tocaba y cantaba; y todo eso unido a su carisma personal lo hacía un ser humano muy especial. Tenía una novia preciosa y estaban pensando en casarse, pero el médico le dijo que si se casaba y tenía relaciones íntimas se moriría. Él, tal vez presintiendo que le quedaba poco tiempo de vida, decidió casarse a pesar de los consejos del médico. Y tal como pronosticó «el galeno mata sanos», así ocurrió. A los pocos días de su boda se murió. A Moncho también le tocó ir a combatir, pero regresó ileso, sano y salvo. (Hace algunos años y viviendo en Florida, fui a visitarlo con mi primo Gregorio que eran muy amigo. Hace varios años que los dos murieron, en el mismo año. ¡Qué descansen en paz!)

Alex

El recuerdo más vivo que tengo de mi hermano mayor es verlo trabajando con devoción y devorando los alimentos, como si no se le fuera el hambre que siempre tenía. Era un hambre voraz y mi padre disfrutaba viéndolo comer galletas de casco por el ruido peculiar que hacía, al triturarlas con los dientes. Cuando era tan joven que todavía no podía sostener muy bien el machete en sus manos, comenzó a cortar caña de azúcar, en el cañaveral. El sueldo que cobraba por sus labores, se lo echaban en un sobre y él se lo entregaba íntegro a mi madre. Siempre sentí un gran respeto por él y fue un ejemplo de buen trabajador. Recuerdo cuando trabajaba con Pedro Escobar, en San Sebastián, en el barrio Hato Arriba y cobraba su jornal de trabajo y lo primero que hacía era comprar leche Klim para los nenes, el gas para el quinqué y los cigarrillos para mis padres. Cuando abandonó nuestro hogar ya había cumplido los diez y ocho años de edad.

Fue muy doloroso para todos, la manera en que salió de nuestra casa. Mi padre y él tuvieron una discusión y los dos perdieron el control y él, muy enojado, a media noche abandonó la casa. Esa fatídica noche había pedido permiso para salir, porque creo que le gustaba una joven, en el barrio Rocha, aledaño al nuestro. Mi padre le dio permiso para que regresara a cierta hora y él llegó mucha más tarde. Mi padre lo estaba esperando despierto y le olió la boca y el aliento apestaba a alcohol y supo que había bebido, posiblemente ron o cerveza. No recuerdo muy bien si el Viejo le pegó o no, pero lo más probable fue que lo hiciera. Mi padre era iracundo y tenía las manos sueltas. Lo que sí recuerdo fue que discutieron y mi padre lo mandó a dormir. De madrugada agarró su maleta y se fue a buscar a la madre que lo parió, que todavía vivía en el pueblo de Aguadilla. Hacía unos meses que Alex estaba preparando su maleta para irse a los Estados Unidos, a la ciudad de New York, con mis tíos Gloria y Germán. Cuando se presentó esta situación, (que era muy común en cualquier familia, pero para nosotros fue una experiencia muy dolorosa), mi madre se las arregló para que adelantara su viaje a los 'niuyores'. Aún recuerdo, como si fuera hoy lo mucho que nos afectó la partida de nuestro hermano. La casa parecía estar de luto, como si se hubiese muerto alguien muy querido. Mis padres estaban desesperados, especialmente mi padre que se sentía culpable. ¡Él adoraba a cada uno de sus hijos¡ Mi madre también sufría y decidió ir a buscarlo, imaginando que se había ido a buscar a su progenitora.

Allí lo encontró y le rogó que regresara con ella a nuestra casa, pero él se negó. Mi madre no estaba tranquila, con la preocupación de que se perdiera, en el ambiente en el que vivía su mamá. Así que aceleraron los arreglos para que emigrara a New York, con los tíos. Se fue en pocas semanas y allá comenzó una nueva vida llena de progreso. Era muy trabajador y muy responsable. Le escribió una carta al Viejo para disculparse e hicieron las paces. Mientras estuvo soltero nunca dejó de mandar un semanal para los gastos de la casa y ayudar en la crianza de sus hermanos. A los pocos años se casó con una sobrina del viejo y procrearon tres hijos. Mi prima Emma Lucrecia (Iris) se convirtió para mí, más que en una cuñada, en una hermana mayor. Mis padres la querían como a una hija, porque fue una mujer excepcional. (Ella fue la primera persona en la familia, de nuestra generación, que se murió. ¡Qué en paz descanse su alma!) Y cosas de la vida, cuando a mi padre le dio el ataque cardíaco, que le privó de la vida, quien lo llevó al hospital fue Alejandro, que hacía una semana que había llegado a Moca con su familia. Él, junto con mi hermano César le dieron santa sepultura. Pero de todo eso hablaré más adelante, para ir contando las cosas que pasaron en su orden cronológico, aunque muchas veces intercalaré comentarios, uniendo pasado-presente-futuro.

César Antonio y Luís Antonio

Mi hermano César es el que me sigue en edad, sin embargo ya desde muy niño se perfilaba como un niño sabio. Tenía una mansedumbre y una calma, que yo estaba muy lejos de sentir. En algunas ocasiones llegué a sentir celos de él, porque además de todas esas cualidades, era mucho más alto que yo, de ojos verde-azules, tez clara, y pelo achinado o lacio, como decimos en el campo. En cambio yo era bajito, trigueño y de pelo quinqui y a veces quería ser tan perfecto, que me equivocaba. Esos celillos yo los ocultaba, porque mi cariño, respeto y amor era más importante. Mientras César era correcto, manso de espíritu y trabajador, Luís Antonio (Gui) era *«la misma pata del diablo«* , perezoso, odiaba la agricultura y por su gusto se iba lejos del campo y de Puerto Rico, para no volver jamás a tocar una azada, un machete ni una pala. *«Era más vago que la quijada de abajo.»*

Siempre refunfuñaba y tenía algo negativo que decir, especialmente cuando había que buscar agua, buscar leña o cortar yerba. Odiaba tanto las tareas de la agricultura, que cuando le tocaba ayudar a sembrar las semillas de la caña de azúcar, como era trabajo de todos, él sembraba la semilla al revés para que no naciera. Las semillas de los granos tampoco las sembraba de tres en tres, sino que echaba en el hueco un puñado, para que pelearan entre ellas y no nacieran normales. Mi padre se daba cuenta de estas anomalías de sus sembrados, pero nunca se pudo explicar las razones para que esto ocurriera. Los hermanos fuimos testigos oculares de sus "maldades", pero nunca lo denunciamos ante nuestro padre. De cierta manera sentíamos pena de él, por el desprecio que sentía por nuestro suelo, cuando todos nuestros ancestros nos legaron su cultura de agricultores.

Juntos con todos mis hermanos hacíamos y disfrutábamos de muchas travesuras, aunque fuera a escondidas de nuestro padre, que no creía en que perdiéramos el tiempo en juegos vanos y según él sin beneficio alguno. Una de estas travesuras era molestar a dos ancianas, que eran como de nuestra familia; Zaragoza

(Goza) y Francisca, (Sika). La casita o casucha donde ellas vivían estaba ubicada muy cerca de la nuestra, a pocos metros de distancia. Su habitad estaba rodeada del cañaveral por los cuatro lados. Ellas eran asustadizas, porque su vida nunca les fue fácil de vivirla. Se contaba que el esposo de Sika, la menor de las hermanas, se había casado con ella por interés de su fortuna. Después de casarse, arruinarlas, despojándolas de todas sus posesiones material, las abandonó a su suerte. Ellas trataban de superar los reveces de su existencia, pero se les hizo difícil.

Como éramos muchachos al fin y sin tener plena conciencia de la maldad que hacíamos, le tirábamos piedras encima de su casita para asustarlas y ellas gritaban de miedo, porque no sabían con certeza que éramos nosotros, aunque sí lo sospechaban; nosotros lo negábamos todo. Ellas iban con sus quejas a decirle a nuestra madre: –"Guay Fita, dile a tus muchachos que no nos tiren piedras." Mi madre nos daba un regaño, pero nosotros seguíamos molestándolas. Me recuerdo un día en que estaba buscando leña en el Monte de Oraquio, junto con mis hermanos Gui, César y nos encontramos una botella tapada. Gui la agarró y la destapó y César más sabio le dijo: –"Tira lejos esa porquería que seguramente es orín o algún veneno."

A veces los muchachos se orinaban en las botellas para engañar a los 'borrachines', que pensaban que era ron caña.)Gui le metió un dedo al frasco y lo olió descubriendo que era ron caña y me dijo: –"Manolo esto es ron caña de verdad. ¿Qué hacemos, lo probamos? ¿Quieres un trago?"

Y sin darme tiempo a contestar se metió un largo trago y me tendió la botella para que yo hiciera lo mismo y me diera un "palo" también. César, enojado, nos arrebató la botella de las manos y tirándola sobre una piedra la rompió. Yo me enojé mucho y le dije en tono de amenaza: –"¿Qué has hecho? ¿Por qué la rompiste?"–"¡Par de sinvergüenza, dejen que lleguen a casa, que yo les voy a contar un cuento!"

Efectivamente que cumplió lo que nos había prometido, le contó a nuestra madre que habíamos tomado ron caña, cosa que se nos tenía prohibido. Cuando llegamos a la casa César le dijo a mi madre: –"May, mírale bien la cara a estos dos desvergonzados, ¿cómo los ves? –"Yo los veo bien, ¿qué es lo que pasa?"–"¡Huéleles la boca y sabrás que es lo que hicieron!" Ella hizo cómo él le aconsejó y al darse cuenta de que habíamos tomado ron caña, agarró un palo de la misma leña que llevamos, y nos dio una soberana tunda. Cesar es de todos mis hermanos, por el que siento un respeto muy grande por su carácter impecable, desde muy joven. De pequeño yo le hacía maldades, tal vez por celos, como dije antes. En una ocasión en que yo tenía una bolsa de bolones (canicas), le dije que si se dejaba dar con ellas por la cabeza se las regalaba. Ingenuamente él aceptó el reto y cuando le pegué se sacó un grito aterrador porque le hice un chichón. Entonces mi padre apareció y preguntó que había pasado. César le dijo que yo le había pegado en la cabeza con los bolones y a mi padre *que no se le asentaban moscas*, me dio una golpiza que todavía recuerdo y tiró los bolones en medio del cañaveral. Cuando nos hicimos hombres, formamos nuestra propia familia y mientras yo continué en los Estados Unidos, ambos regresaron al cielo patrio, donde han sentado sus raíces.

César se casó con Antonia Lassalle, una gran mujer y tienen más de 45 años de casados. Tuvieron tres hijos, Mildred, César Antonio Jr. y Julio César. Tiene tres nietos varones. Gui se casó con una de nuestras primas, Rosa Elena y tuvieron dos hijos, Luis Antonio Jr., y Jésica. Tiene dos nietos, que son su adoración. Trabajó muchos años en un hospital y compró un edificio, que luego vendió y se fue a Moca. Lamentablemente se divorció y nunca quiso casarse de nuevo, porque Rosy fue su único y gran amor. A él que detectaba la agricultura, su jardín es el más bello jardín en todo el barrio y es su verdadera pasión, junto con la guitarra y la música. Me siento muy orgulloso de estos hermanos tan especiales, que Dios me regaló. Casi todos los años, especialmente para las fiestas de Navidad, voy a pasarlos con ellos.

Aníbal y Lydia Inés

Aníbal era mi hermano varios años de edad menor que yo y siempre fue soñador y romántico; (después de él le sigue en edad cronológica Yiya). Su gran pasión, en vez de ser la escuela, era la música. De niño era enfermizo, medio debilucho, le daban ataques de asma bronquial y casi siempre tenía catarro. En vez de gustarle las faenas de los varones preferían estar con nuestras hermanas. Era inseparable de Lydia Inés (Yiya) y ella era la que planificaba las travesuras y él la secundaba en todo y luego si descubrían sus pequeñas maldades se culpaba, para salvarla a ella de que le dieran una golpiza.

Yiya es la mayor de las siete hermanas hembras y es cinco años menor que yo. Fue mí consentida y la de todos desde que nació. Según fuimos creciendo me gustaba pensar que yo era su protector, aunque ella se sabía defender muy bien, con los puños y con la palabra, que siempre fue (y sigue siendo), su espada para defenderse. Ya desde niña parecía que «*se le escapó al diablo por debajo de la sotana*«. Le decíamos la "machúa", o "marimacha", para molestarla y porque fue buena aprendiz de nuestras cosas de varones; pero nada más lejos de la realidad porque siempre fue muy femenina, romántica y sensiblera. Lo que pasó con ella fue que al nacer ya habíamos nacido cinco varones y según fue creciendo fue aprendiendo todo lo que hacíamos sus hermanos. Decía que quería ser como nosotros. Recuerdo una vez en que mis hermanos y yo íbamos a buscar mangos al Monte de los Illas, que quedaba bien retirado de nuestra casa, en otro barrio y nos dio un gran susto con lo que pasó. Ella se antojó de ir con nosotros y no sé cómo se las arregló para que el Viejo la dejara ir. Era la primera vez que eso pasaba, porque mi padre cuidaba y celaba mucho a mis hermanas y no salían fuera de casa si no era con nuestra madre o con él. Yo y los demás le dijimos a ella que no podía ir, pero no nos hizo caso y nos siguió a distancia. Entonces yo le tiré con un machete para asustarla y que se regresara a casa. Pero qué va, la Negra (así le llamábamos porque es bien trigueña, como mi padre), era valiente como pocos y «*no le temía ni a los Cuatro Pares de Francia*», y no nos hizo caso. Entonces Gui, que llevaba un garabato de guayaba, le tiró y lo hizo con tal tino que le dio en la frente, causándole una profunda herida. Al verla caer bañada en sangre nos creíamos que estaba muerta y la angustia se apoderó de todos. Pero la condenada Negra, con un impulso de rabia, se levantó y comenzó a dar gritos. La trifulca que se armó ya se lo podrán imaginar; adiós a la búsqueda de mangos. En casa ella siempre fue la reina, sin discusión y se ganó ese puesto con sabiduría y muy inteligentemente, porque si no lograba las cosas que quería a la buena, lo hacía por las fuerzas. Casi siempre se las arreglaba para salirse con la suya. Era la única que se atrevía a desafiar de frente a nuestro padre, ganándose tremendas golpizas por ello.

Después de que me fui a New York me mantenía en contacto con ella a través de cartas y siempre hemos sido los mejores amigos. Los que están más apegados a mí son ellos dos, Anibal y Yiya. Compartimos mucho porque a los tres nos gusta la música y la poesía y ahora vivimos aquí, en Tampa, Florida. Cuando Aníbal y yo cuando llegamos a un lugar, lo iluminamos porque alegramos el ambiente con música y chistes, porque él hace reír al más serio. Le decimos «"*El Mil Uso*"», porque es el muy talentoso de todos los 15 hermanos. Es cantante, compositor, músico, comediante, animador, artesano y pintor de brocha fina y de brocha gorda, buen esposo, excelente padre y adorable abuelo. Sus pinturas son muy imaginativas. Hace de todo, como en botica. Yo me casé primero que Yiya y cuando ella decidió casarse su boda la costeamos entre todos los hermanos y se celebró en mi casa. Fue la primera hermana que se casaba y todos estábamos muy emocionados con ese gran acontecimiento, deseando que le fuera bien en su matrimonio. Desgraciadamente no fue así y a los siete años de casada se divorció y se fue a vivir a Puerto Rico. Estuvo allá por un tiempo, pero luego se fue al Estado de Michigan, en la ciudad de Detroit. Aunque, anteriormente hemos vivido en diferentes estados de la unión americana, siempre la visitaba.

Ahora vivimos en Tampa y hemos disfrutado muchos momentos agradables. Las parrandas y los lechones asados no se cuentan, pues casi todos los años era uno que se iba ajuste. Somos compadres porque ella bautizó a mi hijo Manolito. Algunas veces estamos en desacuerdo y como los somos iracundos, tenemos que apelar al mucho amor y respeto y nos   reconciliarnos enseguida.También hemos pasado momentos bien dolorosos, especialmente cuando murió nuestra madre. Fue Yiya quién me ayudó a que comprendiera que ya la jornada de la autora de nuestros días se había terminado acá abajo y que para que su espíritu siguiera evolucionando, teníamos que dejarla ir sin demasiado dolor. Me hizo comprender que era egoísta de mi parte verla sufrir en una cama, porque el amor de ella era tan grande que prefirió llamar al ángel de la muerte para que se llevara a nuestra Vieja y la librara del sufrimiento. En fin que esa hermana es mi consejera y mi mejor amiga, desde que tiene uso de razón.

Argelia (Helen)

Cuando Helen nació, la comadrona que ayudó a mi madre fue Edelmira y ese día se soltó la cabra Pepa, que se subió por la puerta del frente de la casa y tuvimos que cerrar puertas y ventanas. Pepa se plantó en medio de la sala y esa condenada cabra a la única persona que respetaba era a Alex. Bueno pues hasta que él no llegó, allí se quedó. Era un animal peligroso y ya había hecho de las suyas. En otra ocasión se soltó cerca de la casa de tío Yun y Joaquina, que venía bajando, se le acercó para amarrarla y Pepa le dio un cabezazo y la tiró por el barranco. Era muy mañosa pero nos dio mucha leche.   A Helen le decían «*la boba de la yuca*», pero ella de boba no tiene nada, ni siquiera un pelo. Ella es la que le sigue a Yiya en edad por dos años de diferencia. Cuando ella estaba en el vientre de nuestra madre, mi padre sufrió un accidente en la Central Coloso y le dio gangrena.

Él estuvo muy grave y le emputaron la "batata" de una pierna y el dedo meñique de uno de sus pies. Así que la Vieja, embarazada de ella sufrió mucho porque se quedaba en la Clínica Perea, en San Juan, lejos de sus otros hijos.Desde entonces, siendo una niña, a mi hermana le siguieron los accidentes y las enfermedades, como si estuviera destinada a morir. Le han pasado muchas cosas negativas, que si no fuera por su espíritu fuerte y luchador se hubiese muerto hace mucho tiempo. El primer incidente fue cuando tendría algunos tres años; ocurrió en junio 25, el día de la celebración de San Juan. Mi tía Solcia nos llevó a todos a la quebrada para darnos un baño de bendiciones, porque decían que ese día San Juan Bautista visitaba todos los cuerpos de aguas para dejar su bendición especial en los mortales. Cómo éramos muchos muchachos, mi tía los contó antes de salir para de la quebrada y al regreso, al volver a contar le faltaba uno. Así que todos nos volvimos locos y buscamos quebrada arriba y abajo. (Ese mismo charco era temido porque allí se había ahogado Maruca, la tía de mi padre que se según contaban se había suicidado allí, por eso le llamaban el Charco de Maruca). Encontraron a Helen boqueando y tratando de nadar; se salvó por un pelo o porque Dios y sus ángeles la estaban cuidando.

En otra ocasión, muy de mañanita, antes de que todos estuviéramos levantados ella salió al lugar donde estaba prendida una carbonera. Al ver que de ella no salía

30

humo, se acercó y al meter un pie, se quedó atrapada entre las brazas. Todavía conserva la cicatriz. A los siete años de edad le dio una alta fiebre y descubrieron que tenía fiebre tifoidea. Estuvo varios días entre la vida y la muerte, quedándose en los puros huesos. Se le cayó el pelo y se puso tan flaca que no tenía fuerzas para sostenerse de pies. Estuvo casi un año convaleciente. Después de pasar esa terrible enfermedad se quedó en la casa ayudando a mi madre con los quehaceres domésticos y cuidando a los hermanos más pequeños. Se casó dos años después de Yiya y tuvo dos hijas, luego de lo cual también se divorció. Y volvió a caer enferma, porque las enfermedades siguieron rondándola hasta después de adulta. Para el mismo tiempo de su divorcio, le comenzó la enfermedad del asma bronquial y ha estado en estado de COMA en tres diferentes ocasiones y ya no se cuentan las veces que ha estado hospitalizada. Pero ella, contra viento y marea, se ha sobrepuesto y sigue con nosotros. También ha sobrevivido a un cáncer de mama y no quiso tratamiento de quimioterapia. Le extirparon uno de sus senos y sigue viva, con el favor de Dios. Ella tiene desarrollado el don de curación y ha aliviado a muchas personas, imponiendo sus poderosas manos sobre ellos, en sus dolores. Eso son cosas de Dios, nuestro Padre, amoroso y bueno, que a veces no logramos comprender. Y así sigue sufriendo sus propios dolores físicos y ayudando a todos los que le piden oración y ayuda con sus "champuses de cariño", como le han bautizados a su toque mágico, a los muchos que ha aliviado. Actualmente vive en Tampa y yo estuve viviendo con ella por casi dos años. La admiro y la quiero mucho porque sé que es una extraordinaria mujer y un gran ser humano, buen ejemplo de fuerza de voluntad y de valor.

Luís Freddy

Mi hermano Freddy fue una persona muy especial y ya desde niño se destacaba como súper inteligente; y tenía una chispa mágica para conquistar la amistad de todos lo que lo conocían. Era muy alegre y le encantaba la música. Tenía una voz privilegiada y tocaba muy bien la guitara. De hecho, él nos enseñó a Gui, Aníbal y a mí a tocar la guitarra porque fue el primero que aprendió ese divino arte. También hacía arreglos musicales y a varias de mis canciones, le hizo arreglos. Entre ellas: **Los puertorriqueños**, (Aguinaldo), **Si tú...** (Bolero), **Ven, dame tus besos, Eres como luna en noche oscura** y **Dices que me quieres de cierta manera**, entre muchas otras.

Cuando él era un jovencito, le propuse que me ayudara en un proyecto *«que me traía entre manos»* y que ningún de mis otros hermanos se animó a secundar y aceptó mis condiciones. Resulta que yo quería ser barbero, para hacerme con dinero extra, aprovechándome de que en nuestro vecindario y en la familia había muchos hombres y jóvenes que necesitaban alguien que les cortara los cabellos. En nuestra propia casa habíamos seis hermanos y mi padre. Al primero que le propuse mi idea fue a mi padre y él me recomendó que primero practicara con mis hermanos. Así que me di a la tarea de "sonsacar" y convencer a César, que era el más humilde, pero me llevé tremenda sorpresa cuando se negó rotundamente. Entonces traté de sobornarlo y le ofrecí cinco centavos (5¢), por cada recorte futuro, pero volvió a negarse. El próximo en mi lista fue Gui y le hice la misma oferta y no solo se negó, sino que encima se burló diciéndome: –"Y ¿quién te dijo a ti que sabes recortar? ¡Tú estás loco si crees que te voy a prestar mi melena para que me la dañes y me recortes como una "dita"!"

A pesar de estas negativas seguí insistiendo y esta vez le siguió Aníbal y obtuve la misma respuesta: – "¡Nanai, tú lo que estás es loco! Mira para otro lado y conmigo no cuentes para que arruines mi cabeza. *«¡A otro perro con ese hueso!»* mejor te doy una pinta de sangre, antes que dejarte que pongas tus manos en mi cuero cabelludo. *«¡De mi mazorca ni un grano!»*

Me llegó el turno de proponerle en asunto a Freddy y pensé que como ya los otros se habían negado me iba a decir lo mismo y encima se burlaría. Así que decidí utilizar la técnica de subir el precio de mi oferta y decirle algunas palabras para convencerlo y con cierto temor le dije:
–"Mira como tú tienes el pelo rizo, (me cuidé muy bien de no decirle que lo que tenía eran "pasas"), te doy diez centavos (10¢) y además que si aceptas, te doy la comisión de que cuando comience mi "negocio" de barbero, siempre te recorto de gratis." –"Está bien, trato hecho, pero primero que todo dame los 10¢ y mi cabeza será toda tuya. Al escuchar sus palabras no lo podía creer y me puse clueco y al momento estaba con las tijeras, en su "marusiña de pasa". En un momento dado la tijera pareció quedarte atorada y sin darme cuenta fue que le agarré la oreja y por poco y lo dejo "gacho". Allí mismo, en aquellos trágicos momentos, terminaron mis ansias de ser barberos, porque el Viejo, iracundo me arrebató las dichosas tijeras y las tiró en medio del cañaveral. Así que en mi primer

negocio salí perdiendo los 10¢ y por poco le corto una oreja a mi hermanito.

Fue un hermano ejemplar y estudiante súper inteligente. Su único defecto, según él mismo decía eran "las faldas", o sea las mujeres. Tenía unos ojos verdes que enloquecía a las féminas que lo conocía y un don de seducción que le trajo algunos disgustos con su esposa. Otro de sus gustos eran la buena ropa y excelente comida y las disfrutaba al máximo. También le gustaba leer buenos libros. Era gran trabajador y trabajó hasta el último día sobre la tierra. Anteriormente mencioné al referirme a él, como que "fue" y es porque ya su cuerpo físico no se encuentra entre nosotros, pues hacen pocos años que se murió, siendo el primero de los hermanos en dejarnos. ¡Qué Dios lo tenga en la Gloria y esté reunido con los Viejos! Falleció el día 2 de octubre de 2008, de una afección cardíaca, a los cincuentau cuatro años de edad, muy joven y conservado todavía. Fue la primera rama del árbol de nuestra familia que se desprendió. Siempre le admiré su forma tan especial de ser, con su aire de distinción que heredó de nuestro padre. Tenía un porte distinguido y le decíamos que no parecía que había nació en una familia humilde, como la nuestra. Pero él con una sonrisa nos contestaba, en tono pícaro:

–"Se equivocan porque mi porte me viene de familia. *«Lo que se hereda no se hurta»* y soy como nuestro padre, ¿o es que acaso ya no se acuerdan de cómo vestía y cómo llevaba el sombrero?" A pesar de su manera "fina" de ser, sentía respeto por todos nosotros. Y mi madre siempre decía que fue el hijo que nunca le dio una gran tristeza y ningún disgusto serio. Antes de su muerte tuve la dicha de compartir con él, porque presentía que le quedaba poco tiempo de vida y procuró despedirse de casi todos los hermanos, menos a Yiya, que estaba viviendo en Mezquite, Texas. Fue a visitar a mis hermanos que viven en Puerto Rico y claramente les dijo que no se volverían a ver en esta vida; también vino a Tampa. Él pertenecía a la religión de la Iglesia Testigos de Jehová, pero cuando se juntaba con sus hermanos, agarraba la guitarra y se tomaba su cerveza, olvidándolo todo, porque decía que nuestra familia era única para él. Le sobreviven su esposa Lilliam y sus tres hijos, Gabriel, Liliana y Justin. Para todos fue un dolor tremendo su pérdida y de él guardamos los muchos momentos placenteros que juntos disfrutamos.

Carlos David

A David le decíamos Tite y él, al contrario a Gui, le gustaba la vida del campo. En una ocasión y mientras cortábamos caña en la finca de Toñito Román se me acercó y me dijo: "Mano, te ayudo a llenar el mazo de caña si me compras una soda Old Colony de uva." Ese día comprendí que estaba atado a nuestro suelo, como lo estaba nuestro padre y me sentí muy orgulloso de él, que siendo un "chamaquito" ya quería trabajar. Lo curioso fue que para ese entonces, él apenas tendría como seis años de edad. Le dije que sí y cogió una 'torda[7]' y la traía con cuatro greñas de caña. Fue un estudiante súper inteligente y fue becado en la escuela por su inteligencia superior en Puerto Rico. Su gran pasión siempre fueros los automóviles y tanto le

---

[7] Pedazo de saco para sujetar el mazo de la caña de azúcar

gustaban que se hizo mecánico; desmontar una maquina es como un juego de niños para él.

Ese afán por los carros le alejó de la escuela y creo que fue un error de su parte porque tenía un potencial para estudiar cualquier carrera universitaria que hubiese escogido. Sus hijas le han heredado esa sapiencia. Otro de sus mal nombres era el "Cuadreao" porque de niño era gordito y bajito. Con los años creció y rebasó en altura y desarrolló una musculatura, que según decían las mujeres lo hacían lucir muy varonil. Fue el único de mis hermanos, que como yo, se casó dos veces. Ha fundado una numerosa familia, el que más hijos tiene; cinco hijas mujeres y dos hijos varones, un total de siete hijos, el número perfecto, como él mismo dice. Después de él le sigo yo con cuatro hijos, tres mujeres y un varón. Ya tiene tres nietos, dos varones y una hembra.

Angelina, Ana Delia, Iris Gloria,Victoria, María Teresa y Ricardo

De la niñez del resto de mis hermanos casi no me acuerdo porque salí de Puerto Rico cuando algunos no habían nacido o eran muy pequeños y no los vi crecer, hasta que mi padre murió y los trajimos a vivir a Brooklyn, New York. Para esa edad el más pequeño, Ricardito, tenía dos años. Mis hermanas menores, **Angelina**, **Ana Delia** (Yeyi), **Iris Gloria**, **Victoria** (Vicky) y **María Teresa** (Teresita), junto al "regalón", **Ricardo**, los conocí mejor cuando llegaron a vivir a la ciudad de New York y siempre representé para ellos la figura de nuestro padre, que se nos había ido; al menos esa fue siempre mi mejor intención para con ellos.

Todos los hermanos teníamos un mal nombre: el de Alex era 'Come Tosca', Gui era 'Tácito Zabala', Aníbal era 'Delfín', Yiya 'la Grilla' César era 'Popo Soler' (por sus grandes ojos), Helen era 'Agusta', Angelina era 'Chita', Tite era 'Abraham, el sapo' y el mío era 'Manila' y así sucesivamente.   En nuestra niñez, mis hermanos y yo casi no teníamos tiempo para jugar ni tampoco había muchos juguetes; pero éramos creativos y siempre nos las arreglábamos para disfrutar. Yo hacía una réplica de los camiones y de las grúas que se usaban en la zafra para cargar y llevar la caña de azúcar a la central, con madera, latas vacías y las armaba con clavos y tachuelas. Pero los juegos más comunes eran tirarnos en yaguas y 'tiriguibe' por la jalde del camino de Sika y Goza. Otro de nuestros juegos más comunes era la barra, que consistía en tirar un palo y echar a correr, buscar el palo y llevarlo al plato, que servía como la base; el primero que agarrara el palo y lo trajera a la base ganaba. Ese juego nos permitía desarrollar las destrezas de rapidez y astucia. El juego con bolones (canicas), la tirada del trompo y las peleas de gallitos, sacadas del árbol de 'algarrobo', eran nuestros juegos más comunes. Con los bolones jugábamos al montoncito. Se colocaban tres bolones formando un triángulo y uno más grande se le ponía encima. Si tumbabas el de arriba los otros cuatro eran tuyos; si fallabas eran para la banca. En la escuela de Voladoras jugábamos a la pelota de goma y usábamos una media (calcetín) llena de hojas de guineos como guante. Me acuerdo que Pablo el hijo de Ángel González siempre bateaba 'home ron' o daba un cuadrangular, por el encima de los salones de clase. Ser un buen formador de pelotero desde entonces fue una de mis grandes pasiones, que todavía, a esta edad, sigue conmigo y no recuerdo, con exactitud los equipos de pelota que he formado y en los que he participado. Pero *«eso son otros veinte pesos»*, como dice mi hermana Yiya y es tema que trataré más adelante, con más detalles.

Mis tíos Solcia y Sico

Mi tía Solcia era la más apegada a mi madre y casi siempre nos visitaba. Su vida fue muy dura por haberse casado dos veces y con hombres que no la merecían; a pesar de todo, trató de superarse siempre. Ella vivía atormentada porque cuando escogió a su segundo marido, más por miedo que por amor, su hermano y su padre juraban que lo iban a matar. Él hombre, que luego fue mi tío político, era un primo de mi padre. Francisco Irizarry, que así se llamaba, una noche la obligó a ella a irse con él; y esa misma noche mi abuela se murió de un ataque de asma, por la preocupación de que su marido y su único hijo se enfrentaran a machetazos, para lavar la honra de la familia.

Desde entonces el carácter de mi tía cambió, convirtiéndola en otra mujer y su enfermedad de asma bronquial, que padeció siempre, se acrecentó. Esa enfermedad la heredó de mi abuela materna y al final de sus días se le complicó y también ella murió a consecuencia. Ella hacía grandes esfuerzos, para que su enfermedad y los reveces de la vida no le impidieran que fuera alegre, cómo era antes de casarse. Cuando mis primas Inés (su hija, que crió su otra hermana) y Lydia Rosa iban a visitarlas los domingos, ella ponía música y nos ponía a bailar a mi primo Raúl y a mí con ellas. La música era del radio de batería, porque en ese entonces nadie tenía tocadiscos. Nos preparaba una rica agua de limón, (limonada) y aparentaba ser feliz, pero no lo era

En una ocasión en tiempo de zafra, estábamos llenando un camión de caña de azúcar en la finca de mi tío Sico, que él llevaría a la Central Plata y pasó un feo accidente. El camión era un truck militar y pertenecía a otro de mis tíos políticos, Tin Román y lo conducía mi tío Sico. Cuando terminamos de paquetear y llenarlo, él procedió a prender el vehículo, las ruedas "guareta" estaban como trancadas. Nos bajamos a ver qué era lo que tenía las ruedas atoradas y nos dimos cuenta que era Rubén Mata, un jovencito que estaba jugando al esconder, con los hijos de mi tío y él se había escondido entre las ruedas traseras. Enseguida llevaron al niño al hospital, donde los médicos cirujanos lo operaron de emergencia y con el tiempo se recuperó. Pasamos un susto tremendo y esa imagen se quedó grabada en mi memoria para siempre. Mis tíos procrearon tres hijos, Luís Antonio, Héctor Manuel y Rosa Delia; que junto a la hija de él, Ana María, formaron una familia disfuncional. Los hijos dcl primcr matrimonia de ella vivían con tía, Mena y tía Goyín.

Ese matrimonio desde un principio fue un caos. Con el tiempo, mis hermanos César, Gui y yo la trajimos a New York con sus hijos y por fin se separó de él. Fueron a vivir al número 178 de la calle Albany, en Brooklyn, bien cerca de los tíos Germán y Goyín. Al poco tiempo él la siguió y vivieron muy poco tiempo más junto. Él se abandonó a la bebida alcohólica, convirtiéndose en un borracho que la perseguía. Ella al ver que podía vivir sin él, dejó de tenerle miedo. Alejado de su familia y convertido en un vagabundo, tio Sico murió en una calle cualquiera, donde lo encontraron. Ese amor de mis tíos me parecía de novela porque aunque se amaban mucho, su cariño fue empañado por la violencia de él y por la fatalidad. Ella murió poco tiempo después rodeada de sus seis hijos. Una cosa que nunca comprendí de ella y que me parecía curiosa, fue el desprecio y odio que parecía sentir por todas las mujeres, como si hubiesen sido ellas las que provocaron sus desgracias. Sin embargo adoraba a los hijos y sobrinos varones. Mi hermana Yiya, «*que no se andaba por las ramas*», se le enfrentaba 'pico a pico' y a veces la hacía llorar, cuando le decía que era una tía injusta, al preferir a los varones siendo ella mujer. Mi hermana le decía que no entendía ese rencor que ella sentía por las mujeres y la tía, llorando y desarmada por las palabras de mi hermana, le contaba sus penas.

Mis tíos Germán y Gloria

Mis tíos Goyín y Germán fueron muy importantes para toda nuestra familia, porque fueron los pioneros que emigraron a Estados Unidos de Norteamérica y nos fueron abriendo caminos a los que fuimos llegando después. Su hogar fue cobijo para todos nosotros y su amoroso acogimiento, nos hicieron la ausencia de la familia mucho más llevadera. Yo sentía verdadera devoción por mi tío Germán, que aunque era tío político, para mi representó a un amoroso padre. Su forma pacífica, nos inundaba de una paz interior y no creo haberlo visto nunca enojado de verdad. Un trabajador incansable, atendía la casa, a sus hijos y a todos nosotros. Tía siempre tenía asma, y él se daba a la tarea de mantener a su gran familia, unidos. Con su amoroso y buen ejemplo de responsabilidades nos enseñó la importancia de amar y respetar a la familia. Yo lo tenía especial cariño y mucha confianza, más que a mi tía Goyín, porque él era un ser humano excepcional; fue un gran privilegio haber compartido mi vida con él. Hasta que ellos murieron fueron mi paño de lágrimas y compartimos muchas vivencias. Y donde quiera que se encuentren les deseo iluminación e infinito agradecimiento…

Mis padrinos Mena y Lenzo

Mis tíos Filomena (Mena) y Lorenzo Román (Lenzo) fueron dos seres humanos maravillosos y además eran mis padrinos de bautizo. Ellos me querían mucho y ese amor era recíproco. Ella era la hermana mayor de mi madre y todos la respetábamos como tal. Era especialmente buena conmigo y me regalaba dulces de coco, que hacía especialmente para mí. En Navidad, como sabía que me gustaban los deportes, me regalaba una pelota o un bate. Aunque cuando llegaba a la casa mí padre me lo quitaba. Mi Viejo no creía en juegos y decía que del juego no se sacaba nada y del trabajo sí. Siempre creí que él estaba equivocado, porque puede haber tiempo para todo, pero me cuidé muy bien de decirle lo que pensaba. Eso se lo dejaba a mi hermana Yiya *«que no tenía pelos en la lengua«*.

Mi madrina era una mujer muy especial y siempre me alagaba y me hacía sentir que el especial era yo. Se fijaba en detalles, que nadie más notaba, como cuando me vestía con una camisa nueva y gentilmente me decía que me quedaba muy bien. Creo que fue extremadamente buena conmigo, porque mi madre era su hermana favorita y yo fui el primer hijo que parió mi madre. Ella me alquilaba para que yo le desyerbara su famoso jardín. Sentía especial orgullo en enseñarme cada una de sus flores y yo lo disfrutaba tanto como ella. Daba gusto ver su cara, que se iluminaba enseñándome cada una de las variedades de orquídeas.

Estar en su jardín era como estar en un mundo de magia y ensueño. Creo que el haber tenido la suerte de estar al lado de mujeres como ella y mi madre, que eran la ternura hecha mujer, me ayudó a formar mi carácter y el respeto que siempre he sentido por la mujer en general y las mujeres de mi vida en particular. Mi padrino también era un ser humano y un hombre súper especial y muy trabajador. Trabajaba la agricultura con mucho amor y su pequeña finca era digna de admiración. También trabajaba en la Central Plata, como centinela. Siempre tenía un cuento y un chiste a flor de piel y su alegría era contagiosa; y reía con carcajadas tan fuerte que parecía, que su alrededor todo se iluminaba. Pero ellos también fueron tocado por la adversidad, cuando perdieron a su hijo menor, Miguel Ángel. Miguelito era un joven inteligente y ya a los quince años de edad estaba en la escuela superior. En la Navidad de cumplir sus quince años de vida, comenzó a sentirse mal y lo llevaron al hospital y le diagnosticaron con leucemia. Murió un día de Año Nuevo, que fue muy triste para todos los que le conocimos. Desde entonces mi tía dejó de ser la misma mujer que era antes de perder a su amado hijo. Jamás se quitó la ropa de luto por aquel hijo tan amado por todos.

Mis amigos

Oscar Wilde

"Elijo a mis amigos no por la piel u otra característica cualquiera, sino por la pupila, tiene que tener brillo inquisidor y tonalidad inquietante. A mí no me interesan los buenos de espíritu ni los malos de hábito. Me quedo con aquellos que hacen de mí un loco y un santo. De ellos no quiero respuestas, quiero que me traigan dudas y angustias y aguanten lo peor que hay en mí. Para eso únicamente, siendo loco quiero los santos, para que no duden de las diferencias y pidan perdón por las injusticias.

Elijo a mis amigos por la cara lavada y por el alma expuesta. No quiero solamente un hombro o un regazo, quiero también su mayor alegría. Amigo que no ríe conmigo no sabe sufrir a mi lado. Mis amigos son todos así: Mitad tontería, mitad inteligencia. No quiero risas previsibles ni llantos piadosos. Quiero amigos confiables, de aquellos que hacen de la realidad su fuente de aprendizaje, pero luchan para que la fantasía no desaparezca.

No quiero amigos adultos ni aburridos; ¡los quiero mitad infancia y la otra mitad vejez! Niños para que no olviden el valor del viento sobre el rostro; y viejos, para que nunca tengan prisa. Tengo amigos para saber quién soy yo. Pues viéndolos locos y santos, tontos y serios, niños y viejos, nunca me olvidaré que "normalidad" es una ilusión imbécil y estéril.

Capítulo Dos

La amistad

La amistad fue un concepto que aprendí de mis padres desde muy chico. Y como reza el adagio *«lo que bien se aprende no se olvida jamás.»* Así que hablaré de alguno de los muchos buenos amigos que la vida nos regaló a mis padres y a mí, viviendo en Puerto Rico. No podría mencionarlos a todos porque no terminaría este libro. Tuve y tengo amigos de todas las edades, colores, razas y estratos sociales, desde alcaldes y senadores, hasta vagabundos y todos merecen mis respetos por igual; enseñanza dejada en mi ser por mis padres.

Lorenzo y Nemesio Pellot

Mi padre era muy amiguero y uno de sus mejores amigos se llamaba Lorenzo Pellot. Hacían negocios juntos y le encantaba contar historias que se inventaba, pero como era medio embustero y todos lo sabíamos, el juraba cada cosa que decía por su madre. Era un gran negociante de caballos y me extrañaba que cuando veía un caballo lo primero que hacía era abrirle la boca, para saber los años del mismo. Si el caballo era de él, era el mejor y si era de otro siempre le ponía peros. Yo sabía que esa era la forma que él usaba para manipular a sus contrincantes, cuando decía:–"¡Ay, amigo, si ese animal parece que se está muriendo; no puede ni con la silla! "Uno de sus hijos fue mi mejor amigo mientras viví en Puerto Rico y compartimos muchos gratos momentos de camaradería; su nombre era Nemesio. De jovencito sufrió un accidente que lo marcó para siempre, cuando uno de sus hermanos, y mientras cortaban yerba, con la punta de un machete le sacó un ojo. Él y yo trabajábamos juntos en el mismo cañaveral cortábamos caña de azúcar. Era muy entretenido trabajar con él, porque como a los dos nos gustaba la música, cantábamos todo el tiempo que duraba nuestra jornada de trabajo. Mi cantante favorito era el mexicano Pedro Infante y a él le gustaba mucho el puertorriqueño José Antonio Salamán. Cantábamos todas las canciones de ellos, por turnos y el día se nos iba rápido.

En una ocasión me preguntó si me había acostado con una mujer. Yo le contesté que no y le pregunté qué por qué me preguntaba esas cosas tan íntimas. Me dijo que si quería ir a un lugar que le decía 'El Mondongo', en el pueblo de Aguadilla. Le pregunté qué era eso del mondongo, porque me pareció un nombre raro que asocié con queso y muy ingenuo quise saber si el nombre era porque allí había mucho queso. Se sacó una carcajada y me dijo que allí era donde los hombres iban *«a tirar una canita al aire.»* Le contesté que yo no tenía canas y mi pelo era negro porque sólo tenía dieciséis años de edad. Él volvió a carcajearse y me dijo que eso de las canas era un decir, para señalar que uno se acostaba con una mujer que vendía sus favores.Me entusiasmó la idea y le dije claro que iba y pregunté qué tenía que hacer. Me dijo que había que pagar cinco dólares, ($5), que le avisara cuando los tuviera y que él me llevaba. Me tardé más de un mes para ahorrar ese dineral, sin que nadie se diera cuenta. Un sábado nos fuimos al pueblo de Aguadilla, en carro público. Yo iba más asustado que un gato encima de un fogón. Él habló con una mujer mayor y fue ella la que arregló el encuentro. La tal señora me agarró por un brazo y me preguntó si yo quería echar un 'polvo'. Y con mucho miedo le contesté que no sabía qué era eso. Comenzó a reírse hasta más no poder y yo seguía estando muy azorado.

Me condujo a una habitación, que parecía más un 'cuchitril', que un cuarto de dormir. Estaba construido con tablas de astillas, desde donde se podía ver todo lo que sucedía afuera, pero los de afuera no podían ver lo que pasaba adentro. La mujer me echó mano y en varios segundos me desvistió, porque yo estaba tan asustado que se me fue hasta el don del habla y no atinaba a hablar. Ella me dijo: –"Ven para acá y no tengas miedo, que yo no te voy a comer ningún canto, te voy a poner a gozar." Y   en diciendo esas palabras absurdas me agarró y yo realmente no supe lo que pasó, porque me dio tal pánico que por poco y me cago encima de ella. Cuando salí afuera por poco y estrangulo a mi amigo Mecio, de tan avergonzado y desencantado que estaba. Él, siempre riéndose, me preguntó qué cómo me fue. Le dije que aquella mujer era un monstruo horrible. Él me dijo que me lo creía porque a ella le decían 'La mata hombre'. Entonces me enojé mucho con él y le argumenté que si sabía de su fama, por qué me había dejado solo con ella, que me había dejado arengado y me dolía todo el cuerpo. Fue una experiencia muy desagradable que nunca olvidé. Me hubiese gustado que mi primer contacto íntimo con una mujer fuera diferente, como tantas veces lo había visualizado en mis pensamientos.

Cuando emigré a New York, con el tiempo él también lo hizo y llegué a verlo y compartimos algunas veces. Desgraciadamente murió en un accidente de automóvil, al poco tiempo de llegar a la Ciudad de los Rascacielos, la Gran Manzana. Lo atropelló un carro del correo, en Brooklyn, NY y cuando me enteré de su muerte, ya lo habían sepultado y no pude rendirle el último tributo a nuestra bella amistad. Lo sentí mucho porque fue mi primer amigo inseparable por muchos años, desde que fuimos niños

Juan Matas

Otro gran amigo de mi padre lo fue Juan Matas, desde que fueron jóvenes y esa amistad duró toda la vida; después que mi padre murió pasó a ser nuestro amigo más respetado. El emigró a Estados Unidos desde joven y cada vez que iba a la Isla iba a donde su amigo de juventud. Era un hombre muy respetuoso y muy inteligente, pero con el tiempo se 'fundió', de tanto conocimiento «*se le fue el avión*», o sea perdió la mente. Al llegar de New York les llevaba muchos regalos a mi padre y a toda la familia; también escribía y mandaba dinero. Mantuvieron una amistad que duró muchos años y en sus vacaciones siempre venía a visitar a nuestros padres y se quedaba en nuestro hogar. Él pertenecía a la Religión Espiritista y siempre estaba teniendo visiones y recibiendo mensajes del más allá. Decía que tenía que sacar un tesoro que estaba enterrado en algún lugar cerca de nuestra casa. Nos contaba muchos cuentos de muertos, fantasmas, entierros y aparecidos. A nosotros nos fascinaba escucharlo decir todas esas historias y leyendas. La gente de nuestro vecindario desconfiaba de él y muchas veces fue acusado de eventos y delitos que otros hombres habían cometido. Con nosotros fue un verdadero y muy fiel amigo y nuestros padres nos enseñaron a respetarlo y amarlo como si fuera de nuestra propia familia de sangre.

Ese cariño siempre fue recíproco porque todos lo respetábamos y amábamos igual que él hacía con nosotros. Cuando iba a NY nos visitaba y se quedaba en nuestra casa, como si fuera nuestro tío. Siendo un anciano, de avanzada edad y viviendo en Puerto Rico se enfermó y mis hermanos iban a verlo y le llevaban alimentos. Siempre tenía un hambre voraz y más que comer, devoraba los alimentos; ¡daba gusto verlo comer! Siempre nos sorprendía su manía de cerrar los ojos cuando comía y un día mi hermana Yiya le preguntó por qué tenía esa costumbre y él le contestó, con sabiduría: −"El comer un alimento es un don sagrado y debemos comer masticando cada bocado, con agradecimiento y respeto. Si cierro los ojos al comer cualquier alimento, por frugal que este sea, lo hago para poner toda mi atención en ello y saborearlo. Otro dato importante es no conversar cuando se está comiendo; de ahí salió el refrán de que *«no se debe comer con la boca llena».*" Me contaron mis hermanos que en su enfermedad se lo había llevado a vivir uno de sus hermanos, que lo tenía viviendo en un ranchón, amarrado como si fuera un animal, porque según decía era agresivo y muy peligroso. Creo que abusaban de él y lo maltrataban y él se daba cuenta y lo gritaba a quién quisiera escucharlo. Yiya fue a visitarlo junto con César y Yeyi y él se mostró muy alegre y complacido con su visita. Les contó que su hermano lo tenía amarrado para que él no se escapara, porque si lo hacía tenían que rendir cuentas al gobierno. Prácticamente lo tenían por el interés al dinero del Seguro Social, que era una buena suma. Cuando murió fue como perder a un tío muy querido y siempre le viviremos agradecidos por su ayuda, cuando más lo necesitábamos. ¡Qué descanse en paz y donde quiera que esté reciba el agradecimiento de toda mi familia, en mi nombre!

Mingo Escobar

Mingo era un vecino pintoresco al cual le teníamos un poco de temor por su historia personal; había estado preso por matar a un hombre. No nos explicábamos como un hombre que medía menos de cinco pies de altura pudiera ser tan temido, pero tal vez a falta de estatura le sobrara el coraje y la valentía. En casa la única que no le tenía miedo era mi hermana Yiya (pero ella le tenía miedo a pocas cosas). En su finca había un árbol de aguacate que era como de mantequilla, que nosotros se los robábamos y él lo sabía y se hacía el desentendido. A pesar de su mala fama yo lo admiraba mucho a la vez que le temía. ¡Incomprensibles y raros esos sentimientos tan encontrados en mí! Me llamaba mucho la atención cuando 'castraba' las abejas, porque lo hacía con gran maestría. Se metía a los enjambres que tenía en su casa y los insectos no le picaban, cosa que vi con mis propios ojos y que nunca dejó de sorprenderme, ese misterio de las abejas. En una ocasión le pregunté cuál era el secreto para que los insectos no le picaran, porque a mí me parecía un misterio grande y él sonriéndose me contestó que no había tal misterio, que él simplemente les rezaba a las abejas. Así que me dije para mis adentros que sí él podía también lo haría yo y con eso en mente me propuse hacer lo mismo y seguir su ejemplo, cuando encontrara un panal. Se me presentó la ocasión estando con mis hermanos César y Gui. Encontramos un panal en el monte de Toribio y les comenté lo que me había dicho Mingo sobre el misterio de las abejas. Los tres tratamos de hacer lo mismo que hacía Mingo Escobar y no nos dio resultados; lo que conseguimos fue picaduras hasta dentro del pelo y que se nos hinchara la cara. Quedé escarmentado por los susodichos misterios de esos preciados insectos.

A Mingo le decían de mal nombre 'El Pato' y él se enojaba mucho y se le cagaba en la madre a quién osara llamarlo así. Me contaron Aníbal y Yiya que en una ocasión, que ellos venían de la escuela, a Yiya se le ocurrió decirle "Pato" y él les pegó una carrera con un machete, tuvieron que correr como guineas para que nos los alcanzara. La juventud es muy atrevida porque con la fama que tenía aquel hombre, fuera o no cierta, a mí no se me ocurría llamarlo de ninguna manera que no fuera don Mingo. Nuestros padres siempre nos enseñaron a tratar a los adultos con mucho respeto. Él tenía tres hijos que eran nuestros amigos: Judith (Gudí), Roberto y Él. Los varones se fueron del barrio y no volvimos a saber de ellos, Gudí regresó al de adulta. Contrario a su padre, los dos varones eran altos y bien parecidos, mientras que Gudí era bajita y rechoncha como el padre. Dicen que su esposa Erita era una bella mujer, que lo abandonó a su suerte, junto a sus hijos. En fin que se murió de viejo el tan temido hombre y nunca nos reveló el secreto de las abejas, porque yo sabía que me había mentido con lo de los rezos. Con los años conocí a otro anciano, el abuelo de una de mis cuñadas, que tenía esa misma facultad para sacar miel, sin que le picaran. Al parecer es que ellos sienten mucho amor y respeto por las abejas y al ellas darse cuenta de que no le tienen miedo ni quieren hacerle daño no les pican. Me cuenta mi hermana Yiya, que ha estudiado el comportamiento de ellas y no le tiene miedo, que se reza o repite un [8]'mantra' que las seduce y los adormece, pero ya a mis años se me pasó la curiosidad de descifrar ese misterio. En fin que yo ni loco me atrevería a volver a desafiar esos insectos.

Los Cordero

Carlos y Chele eran dos hermanos muy cercanos a nosotros porque eran nuestros vecinos más cercanos. El menor de ellos, Carlos, fue un hombre alto y robusto, conocido por sus sonoras carcajadas y por su fama de matón. Tenía una historia muy interesante porque había estado preso, por matar a un hombre y todos le teníamos un temeroso respeto. Aunque fue amigo de mi padre, en algunas ocasiones chocaron y mi padre se le enfrentaba sin miedos. Sin embargo yo lo consideré un buen hombre y me gustaba mucho conversar con él. Todos sus hijos crecieron juntos con nosotros como hermanos. Su hermano Chele

---

[8] Repetición espiritual de una oración por los sonidos de las letras, sean vocales o consonante: Ejemplo: 'OOOMMMIIII'

Cordero, (que era el padre de Arturo, que era el mejor amigo de mi hermano Gui), era de una personalidad férrea, digno de admiración. Mientras Carlos era de cuerpo fornido, lleno de fortaleza y vitalidad, su hermano mayor era un hombre bajo y [9]'*enjuto*' que estaba postrado en una silla de ruedas, parapléjico.

Los dos eran hombres extraordinarios y muy hábiles montando a caballo; eran además muy alegres y muy chistosos. Carlos se sacaba unas carcajadas que resonaban en la distancia y Chele siempre tenía un chiste, para hacernos reír. Sus hijos siempre fueron muy amigos nuestros, especialmente Juan José, al que conocíamos por Juancho, que todavía se mantiene en contacto con la familia y todos los demás, fueron como parte de nuestra familia espiritual. La esposa de Carlos fue Minina que era como una tía para nosotros, porque desde antes de casarse con Carlos, se pasaba casi todo el día con mi madre, igual que sus hermanos, Menegilda, Julio, Rafael, Carmen y Arturo. Con los años ellos se divorciaron y ella se fue del barrio, regresando a su antigua casa al morir él. Era una familia muy particular por su manera de comportarse. Yo nunca más la volví a ver a Minina, pero me contó mi hermana Yiya, que en su viaje más reciente a Moca, la visitó y está llena de energías y de vida. Chele tenía una "tienducha" donde íbamos a comprar dulces, especialmente los de merengue, que se llenaban de albaricoques y cobraban un sabor especial. Cuando murió, le dejó de herencia la tienda a su hermano Carlos. Cuando me enteré de su muerte me

---

[9] Flaco y delgado, escaso en carnes

dio mucha pena porque en verdad los apreciaba mucho a ambos.

Joaquina

Joaquina, era una mujer a la cual admiré mucho por su valor para no dejarse vencer por los embates que sufrió en la vida. Era una mujer alta y delgada de piel trigueña, de color cobrizo oscuro, de una franca mirada y un corazón de oro. Su vida no había sido fácil, pero ella, supo superar sus vicisitudes y crió a sus hijos como pudo y como Dios la ayudó. Su esposo murió de manera dolorosa, cometiendo suicidio, dejándola sola y con cuadro hijos que mantener. Su marido Catalino Pérez se ahorcó, desesperado por su precaria situación económica y falta de trabajo.   Decía la leyenda, que enseguida se cernió a su alrededor, como es costumbre en nuestro folclore pueblerino, que tomó la decisión de quitarse la ida agobiado y frustrado al no conseguir trabajo para mantener a su hijos.   Para superar la situación todos los hijos trabajaron en lo que apareciera y salieron adelante. Con el tiempo se juntó con Chele Cordero y tuvo un hijo, Arturo. De la familia de 'Juaca' más adelante escribiré sobre alguno de sus hijos que son muy apreciados y queridos por mí y por nuestra familia.

Inés y Lydia Rosa

En mi juventud hubo dos jóvenes mujeres que fueron muy especiales, después de mi madre y mis tías, claro está. Estas fueron mis primas Inés y Lydia Rosa. Inés, como dije antes, era la hija de mi tía Solcia, pero la crió mi tía Filomena, mi madrina y madre de Lydia Rosa. Yo sentía profunda ternura por Inés porque era dulce y muy cariñosa y a mí, que sabía la historia de su madre, me parecía ver en sus ojos un dejo de tristeza, cómo si le faltara algo. Lydia Rosa, por otro lado era súper inteligente y alegre. Heredó de su padre, tío Lorenzo, la risa. Tenía fama de ser altanera y orgullosa pero conmigo siempre fue muy amigable. En un tiempo pensé que estaba enamorado de ella, pero a lo adivino, con un amor platónico porque nunca me atreví a decirle nada, por temor a ofenderla y perder su amistad. Me sentí muy orgulloso de ella porque fue la primera mujer de mi familia y de mi generación, que terminó una carrera universitaria. Parece que el destino de Lydia Rosa era casarse con uno de los primos, que nunca supo valorarla, como ella se merecía y al final, después de tener dos bellas hijas, terminaron divorciándose. Ella dio clases en NY y todavía vive allí y nunca volvió a casarse, dedicando su vida al magisterio y a sus hijas; ya está retirada.

Carmen

Carmen Pérez Lassalle es la tercera mujer que admiré desde que fui niño y que todavía admiro, aunque no es de mi familia de sangre, pero sí es de mi familia del corazón. Su nombre es conocido por todos los miembros de nuestra familia, porque ella estuvo presente en todos los eventos importantes de nuestra vida, como si fuera nuestra hermana mayor. Desde muy joven, Carmen se perfilaba como una de esas mujeres extraordinarias, que ya no abundan. Desde muy jovencita, ella se pasaba la mayor parte del día ayudando a mi madre a cuidar a mis hermanos y también cuidaba a mi abuela paterna que estaba enferma, postrada en cama. Ella era 'doctora' sin título, (una especie de doctora de corazón) y socorría y ayudaba a los enfermos. A mis hermanos y a mí nos llevaba a la quebrada y allí nos bañaba. Era como una hija para mis padres y su personalidad era a prueba de golpes y nada lograba quitarle su alegría y su risa. Se sabía muchos chistes, de todos los colores y los contaba con picardía tal, que nos hacía reír hasta que nos dolían las tripas y se nos salían las lágrimas.

Fue la madrina de bautismo de uno de mis hermanos, creo que de Aníbal. Cuando se le presentó la oportunidad, salió del barrio para irse a vivir al pueblo de Aguadilla, donde reside desde entonces. Estudiaba y trabajaba y así logró superarse, logrando una carrera universitaria; con muchos esfuerzos de adulta se hizo maestra de inglés. Sin embargo nunca olvidó sus raíces y se hizo cargo de ayudar a criar a todos sus hermanos y a educar sus sobrinos. Para mí es una mujer que puede servir de ejemplo para muchas personas. Hay una anécdota relacionada con Carmen y conmigo. Desde que yo era un chamaquito me gustaba ganarme el peso trabajando; así que corté un paquete de yerba para las vacas de doña Eduviges y fui muy orgulloso a llevarlo y a cobrar mi dinero. Allí estaba mi amiga del alma, Carmen, que trabajaba con la vieja ricacha. Le dije a la doña, que era muy tacaña: "Doña Duvijes, me debe una peseta por el paquete de yerba que." La vieja, muy ladina, se levantó la faldiquera y me dijo con tono de enojo, agarrándose su parte íntima:

–"Esta que tengo aquí es la peseta que te voy a dar por esas cuatro greñas de yerba." Yo sentí un bochorno y una vergüenza tan grande, que me juré no volver a trabajar para la condenada vieja. Mi amiga Carmen, que había observado toda la escena se puso a reír a carcajadas y me miraba con cara de burla. Desde entonces cada vez que nos encontramos, y de eso han pasado más de 50 años, no pierde la costumbre de hacerme bromas, con la paga que me ofreció doña Eduviges. En otra de las ocasiones que fui a Puerto Rico, a los pocos años de haber muerto mi padre, ella y su esposo Felipe, me ayudaron a hacerle una lápida al Viejo, en el Cementerio Municipal de Moca. Cada vez que voy a la Isla no dejo de visitarla, en el barrio Palmar del pueblo de Aguadilla. Siempre voy a compartir con ella, porque como me lleva varios años, la considero una hermana mayor. Esta mujer nunca deja de sorprenderme, porque es tremenda conocedora de la política de nuestro pueblo y ese es parte de su trabajo. Se casó ya bastante mayor y luego enviudó. Conocí a su esposo y nos tratábamos con mucho respeto. Después que enviudó adoptó uno de los hijos de su hermano Arturo y se sentía realizada como mujer, porque no había tenido hijos propios. Su vida se vio truncada cuando sufrió un accidente automovilístico, donde murió su hijo de crianza y quedó desbastada. Aunque fue un tremendo dolor, aún así, poco a poco volvió a ser la tremenda mujer, que yo conozco tan bien. Siempre le estaré agradecido por todo lo que hizo por mi abuela y por todos nosotros; y por ser mi amiga del alma, que siempre me recuerda a mi madre, porque se parecen.

Rafael Pérez

Rafa, es el hermano de Carmen y fue como otro hermano mayor para mí. Le gustaba cantar y tenía una voz de locutor. Su cantante preferido era Felipe Rodríguez y se sabía todas sus canciones, que cantaba todo el tiempo. Él fue el que me puso de mal nombre 'Manila' y a él que yo lo llamaba 'Anafre'. Cada vez que voy a Puerto Rico procuro encontrarlo. Él me contó algo que le ocurrió en el famoso callejón, que recorríamos a diarios y sobre el cual la gente había tejido una leyenda de miedo. En este callejón se unían los cuatro caminos, que representaban los cuatro puntos cardenales, formando una cruz de Malta. Dice que pasando por ese callejón y a punto de llegar al mismo centro, se le aparecieron los fantasmas de los cuatro compadres que se transformaban en perros rabiosos.

Según reza la leyenda, había cuatro compadres, que se emborrachaban hasta perder la conciencia de lo que hacían y en una de esas borracheras pelearon y se mataron a machetazos entre sí. Desde entonces donde quiera que haya un camino con cuatro direcciones se aparecen sus espíritus, para espantar a la gente. Yo no sé si esos cuentos serán ciertos o no, pero lo que sí sé es que cada leyenda tiene una parte de verdad.

Arturo

Arturo fue un joven que conocí desde que nació, puesto que soy varios años mayor que él. Nos criamos como si fuéramos hermanos y esa relación ha durado por siempre. Al poco tiempo de irnos a vivir a Estados Unidos le mandamos el pasaje y se fue con nosotros. A pesar de ser más joven que yo fue el que me enseñó a conducir un automóvil y aprendí tan bien que saqué mi licencia para conducir. Enseguida me compré un carro estándar, marca Mercury, del año 1952 y ¡me sentía tan orgulloso con mi cacharro! Entre las muchas anécdotas que vivimos juntos, recuerdo una, que nos hace reír cuando la mencionamos. En una ocasión en que fuimos a jugar billar a la tienda de Dube, en el barrio Capá, llegó mi primo José Luis, que hacía poco se había graduado de la Academia de Policía. Entró al cafetín borracho como una cuba y con aires de jaquetón, comenzó a hacer alardes de su poder oficial. Mi primo sabía que nuestro amigo Arturo conducía su carro, pero sin licencia de conductor; Luís en tono de amenaza dijo estas palabras en tono 'jaquetón' para que todos los presentes lo escucharan y alardear de su poder: –"Aquí hay alguien que tan pronto se monte en el carro, lo voy a arrestar porque no tiene licencia, ni para guiar un rosario." Arturo y yo nos miramos y nos reímos con malicia y seguimos jugando, sin demostrar muestra de alusión. Nos estuvimos en el billar, por largo rato hasta que mi primo le dio la gana de irse, borracho como una 'cuba'. Mi amigo Arturo me dijo presagiando la suerte que correría Luis: –"Ese primo tuyo está cabrón y es mala yerba, ¡muy mal le va a ir en la vida, si sigue alardeando de su poder y abusando de su autoridad." Y sus palabras fueron proféticas porque así mismo pasó; varios años después de servir como policía, lo expulsaron del cuerpo policial por las quejas y muchas borracheras y abusos cometidos contra los ciudadanos. Arturo vivió con nosotros en New York por varios años y luego se regresó a Puerto Rico. A pesar de que en un principio él no tenía metas fijas, al ver el ejemplo de mis hermanos y mío comenzó a verle otro sentido a la vida. Así que al llegar a nuestro pueblo y ayudado por su hermana Carmen Pérez estudió el cuarto año de escuela superior y se hizo Guardia Penal. Luego se casó y formó una familia numerosa. A los pocos años enviudó y volvió a casarse. Ya se retiró como guardia penal y vive feliz y contento, envejeciendo, (como todos nosotros), con dignidad. Cuando voy a Puerto Rico trato de verlo y compartimos en alegría, recordando viejos tiempos.

Oscar Ferrer

Oscar fue mi buen amigo y mi motivador. Uno de mis héroes infantiles. A pesar de ser varios años mayor que yo tuvimos una amistad que duró toda la vida. En una ocasión, recuerdo que mi padre venía bajando por una cuesta con el camión Mack y el camino estaba resbaloso porque había caído tremendo aguacero. El Viejo detuvo el camión y decidió dejarlo allí. Oscar le dijo: −"¡Por favor déjame probar a mí, apuesto a que yo lo bajo!"

Mi padre le dio la oportunidad y se puso al volante del camión, nosotros comenzamos a rezar y le dijimos: −"¡Tú lo que estás el loco y te vas a matar!" −"¡Ya verán cómo lo bajo sin un rasguño! Ustedes son cobardes, déjenme hace a mí." Mientras bajaba el camión se tambaleaba de un lado para otro y el agarrado al timón lo bajó. Yo me quedé muy impresionado con aquella Azaña, porque él era apenas un adolescente. Su hijo Papo es tan temerario, como lo fue su padre mientras vivió. Otras de sus peripecias fue cuando le llevaron un caballo para que lo domara. Agarró al animal por la crin y le pegó cuatro manotazos en la cabeza y acto seguido se le montó a pelo. El caballo trató de revelarse, pero sucumbió a la valentía de mi amigo y lo miraba con el rabo del ojo, sin atreverse a chistar. Cómo le gustaban tanto los retos y el peligro para probar su valentía, parece que el Universo se encargaba de proporcionarle las aventuras así. Esta vez ya era un mocetón y era el chofer del camión de Tin Román que más adelante fue su suegro. Halaba la caña del cañaveral de Ana Lassalle y como era bromista, le hizo una broma a

Confesor el de Tere, un trabajados que estaba cortando caña. A Confesor no le gustó la broma y le mencionó la madre a Oscar. A él, lo más que le molestaba era que le mencionaran la madre, así que iracundo pegó un brinco y le metió una patada, sin importar que el otro tuviera un machete en la mano. Tuvieron que quitárselo de encima, porque quería matarlo.   Nuestra amistad comenzó en mi adolescencia en Puerto Rico y luego él se casó con mi prima Angélica y se fueron a vivir a NY y allí seguimos compartiendo. Era muy chistoso y divertido y tocaba guitarra y cantaba. Parrandeábamos con la familia. Luego se fue a vivir con su familia a PR y cada vez que yo íbamos compartíamos juntos. Hace varios años que murió, y sentí su pérdida como si fuera mi hermano. ¿Qué descanse en Paz!

Sandalio

A Sandalio e Israel los conocí cuando llegaron mi madre y hermanos a vivir a Brooklyn, NY. Eran unos 'chamaquitos' y estudiaban con mis hermanitas y hermanos y se pasaban metidos en casa, desde que salían de la escuela. Sandy era un verdadero comediante y a veces hacía bromas pesadas y nos hacía pasar vergüenzas a los mayores. Recuerdo que fuimos a una boda de invitados y se antojó de ir con nosotros. Comenzó con sus chistes y se le pegó un ataque de risa, que uno de mis hermanos tuvo que darle varias bofetadas para que reaccionara. Con todo y sus chistes, era incondicional con mis catorce hermanos y conmigo; se convirtió toda la vida en nuestro hermano y poco a poco fue cogiendo vergüenza y responsabilidad, viendo el ejemplo de nosotros. (Estas palabras dichas por él mismo.) Era el mejor amigo de mi hermano Tite y como eran fuertes y musculosos hacían pareja para jugar hándbol. Eran súper campeones en ese deporte. Como si en realidad fuera uno de mis hermanos menor me encargué de que hiciera lo mejor con su vida y dejara el vacilón. Le busqué la aplicación para coger el examen para trabajar en el King County Hospital a él y a mi hermano Tite y ambos lo pasaron, con muy buenas calificaciones. Sandy se quedó un tiempo trabajando allí y luego hizo otro examen con la Ciudad, con el Departamento de Sanidad. Le convalidaron ese tiempo trabajado en el hospital, al momento de jubilarse. Nuestra amistad con la familia ha sido sólida y en varias ocasiones me ha dicho que yo fui su inspiración y motivación de hermano mayor. Se casó con Elvira, una amiga nuestra y tuvieron dos hijos, que ya lo han hecho, un feliz abuelo. Se divorció de Elvira, quedando buenos amigos y se volvió a casar con una buena mujer, Vicky y ya se retiró del trabajo en NY y vive en Isabela, PR donde construyó su hogar y todos los años nos ha visitado en PR, y Florida. ¡Sandy te queremos como un hermano!

Israel

Israel era mejor amigo de Sandy y de Tite y los tres pasaron casi toda su vida juntos. Cuando Tite se casó y se mudó a Detroit, Michigan allá iba a tener Ira a verlo. Luego se nos mudamos para Tampa, FL. y aquí se vino a vivir él con Tite. Ika, como le decían sus sobrinas postizas, era un tío más para todos nuestros hijos. Nunca se casó ni tuvo hijos y su vida y su familia éramos nosotros. Tocaba los bongos y siempre estaba feliz y contente. Comenzó a enfermarse y murió en los tempranos cincuenta años de edad. Era un hombre bajito de estatura, y de un gigante corazón; no había nadie que lo conociera porque era

61

cariñoso, amoroso y muy respetuoso. Donde quiera que estés, en ese vasto lugar que llaman 'Mas Allá' te mandamos pensamientos de amor y de agradecimiento. ¡Qué descanses en paz, hermano!

Cayin Soto

Cayin es otro de los incondicionales, amado amigo-hermano que llegó a nuestras vidas y las iluminó con su sabiduría, su cariño y sincera amistad. Fue nuestra cuñado, al casarse con una de mis hermanas, al divorciarse ellos, se quedó siendo el hermano mayor y amigo de todos en mi casa. Es tremendo maestro, político y sobre todo excelente amigo y siento placer de hablar de cualquier tema con él. Su pasatiempo favorito es coleccionar música, en discos antiguos; L-P, discos #78 y #45, casetes, y ahora CD. Tiene miles y miles de grabaciones en todos los géneros, tiempos, artistas, culturas, en fin todo lo relacionado con música. Estar en su casa es transportarse a diferentes épocas del tiempo-espacio y a diferentes ritmos y acordes de la música. Usualmente nos reunimos varias veces al año y tomamos ron caña, curado por años, que es otra de sus especialidades. A todos mis hermanos y a mí nos gusta compartir con este gran ser humano, que el cielo nos mandó. Hace par de años atrás él venía dos veces al año donde nosotros, aquí a Tampa, pero ahora dice que siente vértigo, al montarse en un avión. ¡Amigo-hermano Cayín, gracias por haber compartido tu vida con nosotros!

Gregorio

Escogí dejar para último a este hombre que a pesar de ser unos años de edad menor que yo, y de haber sido mi aprendiz por muchos años, llegó a ganarse mi admiración, mi respeto y mi cariño. El Dr. Gregorio Román Bourdón o Grego, como lo conocíamos, fue mi primo preferido y siempre estuvo muy apegado a mí y a mis hermanos. Donde quiera que fuéramos a vivir, allí se presentaba él y pasaba varios años con nosotros; en vez de un primo era nuestro hermano. Guiado por mis consejos se fue al Ejército Norteamericano, porque no se entendía bien con las reglas estrictas de su padre. Su progenitor fue un señorón de una personalidad regia a quienes todos respetaban y temían. Grego era el menor de los hijos y como fue enfermizo desde niño, sus padres, en especial mi tía Tina, su madre, lo súper protegían.

Ya de grande a él le molestaba esta conducta de sus padres, que a pesar de que sabía que lo hacían por su bien, le parecía que era un yugo que no quiso soportar.   Ya enrolado en el ejército, su padre se enfermó de gravedad y murió; y él no tuvo tiempo de darle el último adiós. Grego hizo los años de rigor en la milicia y se regresó a la Isla, donde llevó a cabo grandes proezas. Por su carácter inquieto y aventurero, al poco tiempo pasó el examen de policía y trabajó varios años en el Departamento de Policías de Puerto Rico. Se casó a temprana edad y por su carácter de hombre mujeriego, su primer matrimonio no duró mucho. Yo trataba de aconsejarle, pero vanas eran mis intenciones de hacerlo sentar cabeza. Al escuchar mis consejos se sacaba una '[10]*oronda*' carcajada y me decía con su pícara voz: –"¡Ay, Mano, la vida es para gozarla y para sacarle el jugo! No te preocupes por mí que yo soy feliz y hago feliz a los que me rodean. En verdad no sé

---

[10] Se dice de una acción o cosa gruesa o grande

hacer otra cosa que vivir a mi manera." Aprendió a tocar guitarra, junto con nosotros y tenía una voz muy peculiar, que fue perfeccionando con la experiencia y el tiempo; entonces fue que su fama de Don Juan fue creciendo más, si eso era posible.

Era un hombre de grandes contrastes y a pesar de su fama de ser más enamorado que Cupido, tenía un corazón grande y unos deseos auténticos de servir. Esos dotes de servicio, lo hicieron un hombre muy diferente al resto de los mortales que he conocido. Y esa especialidad tan suya era lo que enamoraba a mujeres, niños, anciano, amigos y animales. Creo que a pesar de los tantos errores que cometió, no hizo enemigos y eso quedó probado en su sepelio, en diciembre de 2007. Se retiró del Cuerpo de Policía de Puerto Rico y se fue a estudiar medicina, especializándose en ginecología. Por su especialidad en 'señoras', mis hermanas le hacían bromas pesadas y él se reía de ellas. Como se retiró de la policía por enfermedad y trastornos mentales, nunca pudo ejercer como médico en la Isla ni en Estados Unidos.

Eso no lo detenía para tener contacto con los médicos y facilitar recetas y medicinas a quien no tenía dinero para ir a un médico ni podía comprar tales medicamentos. En México su fama era auténtica y me contó muchas anécdotas que avalaban su fama de buen galeno. Otra de sus facetas muy importante lo fue su hambre y deseo por el conocimiento y las religiones. Siempre estaba practicando alguna de ella y lo raro era que lo hacía con tanta pasión y devoción que a veces contagiaba a quienes les escuchábamos. Desde el catolicismo hasta las filosofías de la Metafísica, creo que no había una que no conociera. Tenía una facilidad para la oratoria que hacía que todos lo buscaran para que expusiera las ponencias que les interesaban. Recuerdo una vez que se rumoró que se había quedado con un dinero de la Iglesia Pentecostal que había ayudado a fundar. Le comenté lo que escuché a mi hermana Yiya y ésta, que era la única mujer que se atrevía a enfrentarse a él, sin miedo le preguntó, qué de verdad había sobre esos rumores. Él, *«ni soso ni perezoso»* le contestó con su inconfundible carcajada, "¿Y esos chismes que escuchas sobre mí, te quitan el sueño, mi Negra?" "Mira so fregao, ni soy tu negra y mucho menos me quita el sueño ninguna de tus pocas vergüenzas. Sólo queremos saber si eso es verdad, porque si se te olvida, somos primos y llevas nuestros dos apellidos." "Suave, prima, *«que no llegará la sangre al río»* y si quieren saber la verdad te la voy a decir. Sí, verdad fue que me metí al bolsillo unos cuantos cientos de dólares y me fui derechito al aeropuerto y me monté en un avión para México. ¿Y cuál es el problema? Mucho hice por esa Iglesia y no recibí ni un 'quinto' y creo que les dejé una mina de oro tanto al pastor como a sus secuaces."

Al escucharlos discutir no me quedó más remedio que echarme a reír por los argumentos de él y por el enojo de mi hermana. Según mis siete hermanas, Grego las quería tanto y las encontraba tan especiales, que a todas las galanteaba y trataba de enamorarlas. Ellas no le hacían caso y por alguna razón nunca les duraba el enojo con este hombre fuera de serie, porque siempre lo vieron como un hermano, medio desequilibrado, pero interesante en su hacer y en su decir. Su debilidad eran los negocios y participó en muchos; algunos fueron exitosos y otros fueron una derrota total. Él decía que lo importante en la vida no era siempre ganar, pero sí jugar; algunas veces se perdía y otras se ganaba. En eso él y yo nos parecíamos mucho, pues siempre teníamos un negocio en puerta y él siempre confiaba en mí. Utilizaba sus armas de seducción y a pesar de que no era un hombre guapo, su personalidad atraía a las multitudes porque tenía ese no sé qué que llaman ángel o carisma. Era como un banco de dinero porque siempre estaba prestando o cogiendo prestado y el dinero era atraído a él como un imán. A ese respecto tenía una demanda millonaria, contra el gobierno militar, por daños y perjuicios de salud, física y mental. Según él nos había contado, su demanda estaba en la etapa final y se murió sin recibir ni un céntimo. Mi hermano Freddy y Grego siempre están en nuestras conversaciones, porque nos hacen falta. ¡Qué descansen en paz!

Lamento borincano

Rafael Hernández

Sale loco de contento con su cargamento
para la ciudad, ay, para la ciudad.
Lleva en su pensamiento todo un mundo lleno
de felicidad, ay, de felicidad.
Piensa remediar la situación
del hogar que es toda su ilusión, si.

Y alegre el jibarito va pensando así, diciendo así,
cantando así por el camino:
Si yo vendo la carga, mi Dios querido,
un traje a mi viejita voy a comprar.

Y alegre, también su yegua va
al presentir, que aquel cantar
es todo un himno de alegría,
y en eso les sorprende la luz del día
y llegan al mercado de la ciudad.

Pasa la mañana entera sin que nadie quiera
su carga comprar, su carga comprar.
Todo, todo está desierto, el pueblo está lleno
de necesidad, de necesidad.
Se oye este lamento por doquier,
de mi desdichada Borinquén, si.

Y triste, el jibarito va pensando así, diciendo así
llorando así por el camino; ¡Que será de Borinquén
mi Dios querido! ¡Qué será de mis hijos y de mi hogar!

Borinquén, la tierra del Edén la que al cantar, el gran Gautier
llamó la perla de los mares,
ahora que tú te mueres con tus pesares,
déjame que te cante yo también. ¡Yo también…!

Capítulo tres

El jíbaro

La vida del campo era una delicia y mis hermanos y yo la disfrutábamos al máximo. Lo único molesto era que el Viejo era muy estricto y no creía nada más que en trabajar. Nosotros nos las ingeniábamos para disfrutarla, aunque fuera a escondidas de él. Por ejemplo, a mí me gustaba mucho construir automóviles de madera y camiones, con su caja y todo. También hacía réplicas de la carreta de bueyes y me quedaban tan bien que parecían reales. Con el arco de las gomas preparábamos un vehículo que arrastrábamos con un gancho de alambre. Nos gustaba bailar trompo, que se tiraba, enredando una cuerda o cordón a su alrededor. El trompo bailaba y uno lo cogía en la palma de la mano. El jugador que sostuviera el trompo bailando por más tiempo era el campeón. Era un verdadero arte hacer todas las cosas con el trompo, por eso también se 'quiñaba' y si al tirar al otro trompó este no bailaba o se rompía era una hazaña. También jugábamos a los 'bolones', o sea las canicas. Era un juego de lo más divertido, hasta que mi padre nos 'cachava' jugando, entonces nos quitaba los juguetes y los zumbaba para el medio del cañaveral. ¡Niñez de mis amores, gratos recuerdos, que viven en mi archivo alma! La música era una parte de nuestra vida muy importante; y tanto mi padre cómo mi madre adoraban la música y las canciones y a los dos les gustaba cantar. En nuestra casa no había electricidad, pero no podía faltar una pila o batería enorme, para nuestra radio; que duraba varios meses y cuando se agotaba la batería había que conseguir otra. Ese era el instrumento más importante de la casa, para nuestra diversión y entretenimiento. Escuchábamos las noticias, las novelas y las canciones populares. Nos conocíamos todos los anuncios y el castigo más grande que nuestro padre nos podía infringir, era quitarnos de escuchar la radio. En el cañaveral, cantábamos; si nos enamorábamos, cantábamos; y si estábamos tristes, también se cantaba. Guardo un caudal de recuerdos de cada una de aquellas canciones, que memorizábamos.

Tal vez por eso, casi todos mis hermanos y yo cantamos, tocamos la guitarra y componemos canciones. Y varios de los nietos de mis padres también heredaron esa virtud y talento. Recuerdo el anuncio de una novela que a todos nos gustaba y que la pasaban en horas de la tarde. No queríamos perder de escucharla y hacíamos todas las tareas después de llegar de la escuela para sentarnos a escuchar el capítulo del día. Se titulaba **El Charro negro**. El locutor con una voz potente y melodiosa, al introducir la novela decía: −"Charro era y de negro se vestía, porque una mujer enlutó su corazón." Yo veía que mi madre y mis hermanas lloraban, cuando era un capítulo triste; y aunque yo no lloraba, soñaba con ser como esos personajes importantes de las novelas. Tal vez fue de tanto escuchar la radio que se despertó nuestra imaginación y mi madre, mis hermanos y yo comenzamos a escribir en versos.

El cañaveral

El primer trabajo que hice fue cortar yerbas para los animales que había en la casa, el caballo y la vaca, y cuando había una cabra. Después comencé a "paquetear" caña, que era el trabajo que podía hacer un niño. No era cosa fácil pero con el tiempo y la experiencia lo logré hacer bien. El camión había que llenarlo y para ello mi padre construyó una escalera de madera. Primero se tendía una *tolda* en el suelo, que era de un saco de henequén donde se acomodaba la caña al largor y se amarraba. Se cargaba en la cabeza o en el hombro y subiendo por la escalerilla se le entregaba a otro de los peones, que estaba trepado en la caja del camión esperándola, quien la acomodaba en la caja. Cuando la caja estaba llena hasta el tope, la amarraban con unas enormes cadenas de hierro y ya el camión estaba listo para que el conductor trasladara la caña a la central azucarera. Trabajar en el cañaveral implicaba muchos riesgos y peligros. Primero era el peligro de darse una herida con el machete, que debía de estar amolado y bien cortante para talar la caña de un certero corte. No se podía cortar muy a raíz del suelo porque no crecería la cepa, para el año entrante. Por eso había trabajadores mejores que otros. Era todo un arte que consistía en la destreza de cortarla y trozarla según el largor de la caña. La rapidez con la que se cortaba, era otro factor que hacía la diferencia entre uno y otro trabajador. Así que para cortar la caña se debía tener destreza. Fueron muchos los accidentes que vieron mis ojos. Otro de los peligros era las picaduras de los insectos y alimañas como las hormigas, los alacranes, ratas y ratones, arañas venenosas, y otros. También estaba la 'pica-pica', que cuando estaba seca y caía en la piel provocaba piquiña y ronchas que volvía loco de dolor al desdichado al que le cayera encima. La mala alimentación de los trabajadores, la frialdad y la humedad de la mañana, la resolana del sol, la falta de cuidados médicos era otro peligro inminente para el que trabajaba en el cañaveral.

Cuando el cañaveral cogía fuego era un poco más fácil para trabajar el él, porque muchos de los peligros desaparecían. Algunas de las ventajas para el trabajador era que se quemaba el fino pelo que cubre a la caña y la desventaja era que uno se llena me hollín y salía tan tiznado que parecía 'mascarado de los Inocentes'. La pobre madre mía «*daba crac*» cuando le tocaba lavar esa ropa a mano. La quemada tenía riesgos para el colono porque aunque usualmente, se les daba preferencia a los colonos afectados, las azúcares perdían su calidad. Si no se lleva pronto a la central la caña perdía algo de su valor y era menos dinero. En las centrales azucareras a cada colono se le daba un turno para llevar su producto. Desde luego, como todo, los colonos con terrenos más extensos tenían preferencia. No podemos olvidar que «*por dinero baila el chango»* y «*poderoso caballero es don dinero»*.

A veces eran los mismos colonos los que mandaban a quemar sus cañas y se amparaban en la preferencia. Las autoridades de mantener el orden siempre hacían una investigación y el culpable era castigado con cárcel. Para otros colonos era como una maldición y algunas veces quién provocaba el fuego era un trabajador que estaba descontento con su patrón y lo hacía por venganza. Mis hermanos Alex y César eran de los trabajadores excelentes. Yo era de los buenos, no de los mejores, porque sabía que cortar caña no sería mi destino. Sin embargo lo hacía más o menos bien, porque si no había que vérselas con mi padre; y nadie quería pasar por eso. Mi hermano Luís Antonio, (Gui) fue el peor trabajador de caña del que guardo recuerdos. Cuando había que sembrar la caña, él la sembraba al revés para que no naciera. Llegaba al cañaveral refunfuñando, era lento y perezoso. Y también era el primero que terminaba su labor, al escuchar pitido de la sirena de la central. Esta sirena, que nosotros le decíamos pito tocaba cuatro veces al día; a las 6:00 am, que comenzaba la faena en el cañaveral; a las 12:00 medio día, para el receso del almuerzo; a la 1:00 pm para regresar a las labores; y a las 6:00pm para dar por terminado el trabajo del día.

Usualmente eran doce horas de trabajo, aunque después eso terminó y se trabajaban ocho horas, más o menos. Algunos sábados, que era el día de cobro, nos mandaba más temprano para la casa; y los domingos no se trabajaba en las centrales azucareras. Como mis hermanos y yo íbamos a la escuela, después de llegar a la casa y comer algo, trabajábamos algunas horas con el Viejo y a veces hasta de noche. Y los sábados y domingo trabajábamos todos en la pequeña finca de mi padre. La zafra duraba varios meses. Luego de cortar la caña de azúcar, se le daba un tiempo prudencial y cuando comenzaba a crecer era el tiempo para desyerbarla, fumigarla y abonarla. Para fumigar la caña se usaba un tanque con una pompa para ruciarlas. Este herbicida, era un químico muy peligroso para la salud, por lo cual un menor de edad no estaba autorizado a usarlo. Muchos de estos insecticidas y herbicidas, están prohibido por la ley por su peligro inminente para la salud, de la vida humana y animal. Mata la yerba mala, las alimañas, pero también contamina los alimentos y las aguas. Para abonar las nuevas siembras había que usar unos gruesos guantes porque el abono era otro material corrosivo y muy ácido, que quemaba las manos. Cuando comenzaban a crecer las cañas lo que más yo disfrutaba del cañaveral, eran las amapolas, que las llamábamos así, pero que realmente eran una clase de lirios. Daba gusto ver la variedad de matices y de colores de las amapolas florecidas. Yo siempre cortaba grandes ramos y se los llevaba a mi madre que los ponía en una lata con agua para adornar nuestra mesa. Cuando la caña estaba grandecita, como de cuatro pies de alto había que regarla con herbicida. Esto era un pesticida venenoso, que se usaba para matar la yerba mala y las alimañas, que se comían o dañaban la caña; era un trabajo muy pesado.

A mí también me gustaba mucho cuando la caña estaba florecida; sus flores las conocíamos como 'guajanas' y eran unas largas espigas que al abrirse parecían bailarinas, bailando al compás del viento. Nosotros, a escondida de nuestro padre, cortábamos algunas, por el sólo placer de pasar las manos por las hebras de la guajana, que parecía cabello rubio de mujer. Cuando la espiga de la guajana se secaba era indicio de que ya estaba dulce y lista para cortar y chuparla. Casi siempre nos 'robábamos' algunas para chuparlas, por el placer que nos producía esa fruta azucarada. En la casa teníamos un trapiche, hecho por mi padre, donde triturábamos la caña para sacar el guarapo; era un exquisito manjar para el paladar. Don Toribio tenía una parte de terreno sembrada con caña mayagüezana, que era blandita y más dulce que las otras clases. Los cañaverales eran imponentes y sentíamos mucho amor por ellos, ya que era una parte muy importante en nuestro 'modo vivendi'.   .

La fiambrera

La fiambrera era en envase donde nos llevaban los alimentos al cañaveral. Consistía de tres o cuatro piezas unidas por una prensilla donde se cargaba nuestro almuerzo, de arroz, habichuelas y alguna fritura. Estas frituras eran chicharrones, bacalao (encebollado, frito o guisado), gallina con papas, sardinas, cornbeef, jamón, tocino, etc. Y si la cosa no estaba «*muy boyante, que digamos*», podría ser una tortilla de huevo, un huevo frito o tostones. Si se descocotaba alguna res, estábamos de fiesta porque entonces había carne de res por varios días. O cuando algún vecino mataba un lechón lo repartía entre todos y entonces había buena [11]'*mestura*'. El termo de café también era muy apreciado porque allí llevábamos el café, negro o con leche, que bebíamos con arepas, bacalaítos, avena, sorullos, andullos o majarete. Gracias a Dios mi madre era excelente cocinera y como buena campesina, sabía hacer con una piedra una exquisitez para el paladar. Y todo le quedaba tan delicioso que daba gusto sentarse a la vera de una piedra para disfrutar tan suculentos manjares.

---

[11] Se le decía al pedazo de carne o fritura que completaba los alimentos.

El callejón

Desde mi casa hasta la carretera había un camino vecinal que unía los barrios Capá y Rocha; las personas pasaban por el lado Oeste de nuestra casa. Desde la casa de mi tío Yun, hasta la carretera de lado a lado, todo era cañaveral, con la excepción del monte de Toribio Lassalle. Nosotros preparábamos un caminito para el centro del cañaveral y allí «*nos poníamos como chincha*», de tanta caña que chupábamos. Curiosamente a varios metros de distancia de nuestro hogar había un cruce de cuatro caminos que a todos nos impresionaban. Había varios leyendas y cuentos de terror, que nos ponían los pelos de punta. En uno de estos cuentos de caminos se decía que a las doce de la media noche salían los espectros de cuatro perros rabiosos que atacaban a las personas que circundaran por ese camino. Se decía también que las ánimas de estos caninos eran los espíritus de cuatro hombres que, estando borrachos, se habían matado a machetazos. Los difuntos eran compadres y cómo ellos no habían respetado el sagrado sacramento de su compadrazgo, fueron maldecidos. Los espíritus de los compadres se les metieron a esos cuatro perros de la leyenda y cada noche salen aullando y buscando a quién asustar.

Otro cuento de horror era el del Jinete sin cabeza o el 'Judío errante', que se decía salía en noches de luna nueva y cabalgaba por los cuatro caminos buscando luz que iluminara su alma. Posiblemente todos estos cuentos, fábulas y leyendas fueran falsas, pero para la mente de un niño y de los campesinos incultos era tan cierto como que el sol brillaba en el firmamento. Cuando crecíamos y nos hacíamos hombres nos gustaba desafiar estos cuentos de camino para probar el valor y la hombría.

Amapola

.

La carbonera

Mi padre era carbonero y el carbón que sacaba, lo vendía por sacos. Hacer una carbonera era un arte que requería de unas destrezas que se adquirían con la experiencia. Era todo un proyecto con varias tareas para hacer, antes y después. Mi padre fue enseñado por su único tío paterno, Nicasio, (Ney), que era un experto en armar una carbonera, con todos sus detalles. Mi Viejo, a su vez nos enseñó a sus hijos todo lo que había aprendido del tío.

Hacer la carbonera era todo un proyecto y el tiempo que se escogía para esa tarea, era a mediado de la semana. También para escoger el material de la carbonera se necesitaba conocimientos y experiencia. Lo primero que se hacía era buscar un lugar estratégico, en el monte o cualquier otro lugar propicio donde hacer la carbonera. El sitio escogido, tenía que ser uno, donde no le diera mucho viento, porque si era así, la corriente de aire avivaba la candela y la carbonera se 'pasaba' de tiempo convirtiéndose en solo cenizas. Cuando esto ocurría eran muchas las pérdidas del trabajo laborioso de varios días y de materiales. Encontrado el lugar apropiado, se procedía a limpiaba el terreno. Alguna madera no se podía usar para hacer carbón y había que escogerlas con sumo cuidado. Las unas porque se consumía muy rápido y otras porque se tardaban mucho tiempo en quemar. Hoy no recuerdo muy bien esta información, pues han pasado más de cinco décadas de no hacer una carbonera y a veces me traiciona la memoria de los recuerdos. El día escogido para hacer el carbón nos levantábamos al amanecer, para aprovechar el fresco de la mañana. Comenzábamos a seleccionar y a cortar los árboles que se utilizarían para la faena. Ese miércoles, ya para las once de la mañana se dejaba preparado el trabajo de la mañana, que se retomaba, con el fresco de la tarde. Se amontonaba la madera, que se partía o trozaba en varios pedazos. La madera se iba apilando en orden, primero los palos más grandes y luego los más pequeños. Se recolectaba paja seca y paja verde, con la que se cubriría la carbonera. Se colocada la leña y la madera verde en forma de pirámide, en el interior y en círculos hacia el exterior. Se le ponía un palo largo en el centro, dejando un hueco para que la carbonera respirara y no se ahogara; esto significaba que el fuego no prendía la leña porque se apagaba. Ya montada la carbonera completa, se cubría con la paja seca y las ramas verdes y se le echaba tierra encima para taparla y se le prendía fuego por debajo, en un lugar estratégico.

Las carboneras del tamaño en que las hacía mi padre, se podían tardar en estar listas, en su ponto, más de nueve horas. Usualmente se prendía la tarde del viernes y alguien se tenía que quedar haciendo guardia toda la noche para que la carbonera no se apagase, ni se pasara. Se quedaban varios de mis hermanos y yo, mientras unos dormían los otros velaban. No puedo negar que la noche nos daba mucho miedo, especialmente con todas las historias o sueños de aparecidos que contaban los adultos. Aún así nos hacíamos los valientes y de tanto intentar desechar el miedo, en un momento dado, dejábamos de sentirlo. (Tal vez esa sea la transición de convertir a un niño en un hombre.)

Aquellos momentos los aprovechábamos para hacer chistes, cantar canciones y recordar travesuras del pasado. ¡Siempre fue una experiencia inolvidable! Al otro día, casi siempre a media tarde, o cuando mi padre determinaba que la carbonera estaba en su punto, pasábamos a la parte final y más peligrosa. Se desmantelaba la carbonera y se iban apagando los carbones, con tierra y un poco de agua. Muchas carboneros utilizaba solamente agua para apagar la carbonera, pero mi padre prefería apagarla con tierra. Era un trabajo que requería laboriosidad y paciencia. Ya apagado el carbón se metía en sacos de jeniquén y ya estaba listo para llevarse al mercado. Algunas veces, si un carbón se echaba al saco con una braza encendida, aunque fuera minúscula, se perdía ese saco; y en algunas ocasiones provocar males peores. Las cosas negativas del carbón, que todos detestábamos era que a veces nos le parábamos encima de una braza por accidente y era tremenda quemada. Se contaban muchas historias de desgracias que habían ocurrido por el descuido de dejar un saco de carbón con una braza. Una de esas historias, que se convirtió en leyenda la contaba mi madre y fue verídica porque le ocurrió a las dos tías 'jamonas' (solteronas) del suegro de César, don Anselmo. A continuación escribiré lo que recuerdo de lo que nos contaba mi madre.

El cafetal

Trabajar en el cafetal era más fácil que hacerlo en el cañaveral, pero no menos arriesgado. A mí en lo particular no me gustaba recoger café. En el monte había más animales peligrosos por su veneno y también estaba la planta de ortiga, que abundaba y era muy venenosa. Su picadura nos causaba fiebres altas si se le pisaba y todos les teníamos terror. Se ganaba menos dinero que trabajando en la caña y se enfermaba uno más a menudo. El frío y la humedad del monte provocaba fiebres altas, asma bronquial, catarros y la más temible y común de las enfermedades en aquello época; la tuberculosis. Todos estos males de salud eran a causa de las precarias condiciones en que vivía el trabajador agrícola. Esto provocabas grandes pérdidas de vida humanas en nuestro pueblo cada año.   Para recoger el café se utilizaban canastas que eran colgadas al cuello del trabajador por unas cabuyas. Para las mujeres y los niños menores se preparaban latas o envases vacíos de cuatro o cinco libras y haciéndoles dos pequeños rotos a los extremos del envase se le pasaba un cordón para cargarlas en el cuello. Según se llenaban los envases se iba vaciando en sacos.

Nos alquilábamos a recoger el café y al principio de la temporada nos parecía entretenido porque allí iban mujeres a trabajar y ponían un toque de alegría en nuestro corazón, sin importar su edad. Pero después de varios días y varias picaduras ya no nos parecía tan entretenido. Se comenzaba recogiendo el grano que estaba bien maduro, el conocido como uva. Luego se procedía a recoger el café del suelo, que era el que se le caía al recolector o el que se le caía a los pájaros. A ese grano se le conocía como 'cuesco'. Del café del suelo nos quedábamos con la mitad, que vendíamos o usábamos en la casa, la otra mitad era para el dueño del cafetal. Luego venía el recogido final conocido como el 'acabose'. Este consistía en recoger todos los granos de café que quedaban en el arbusto, fuera maduro, pinto, verde o seco. Diariamente se llevaba el café a un almacén, donde estaban los 'trapiches', para despulparlo. Después se metía en unas enormes 'bateas' donde se lavaba. Ya lavado se tendía en el 'glácil' para que el sol lo secara. ¡Daba gusto ver el café seco que brillaba cuando le daba la luz del sol! A esa fase se conocía como el café pergamino.

Se vendía a gran escala. Si se quería aumentar el costo, entonces se molía el café pergamino en una máquina más fina que el trapiche, para sacarle la pajilla, sin romper el grano. Se venteaba en grandes las 'bateas' o ditas hechas de higüeras. Ya el café estaba listo para tostarse y convertirlo en harina. Se terminaba la temporada con la 'Fiesta del Acabose', que ofrecían los hacendados a todos los trabajadores, en agradecimiento por sus servicios. Se le hacía una comida típica, con música en vivo y todo lo demás de las celebraciones de nuestro patio. En la casa de los pobres, que no tenían suficiente dinero para comprar la harina procesada, hacían todo el proceso ellos mismo. En nuestra casa, gracias a Dios, nunca faltó el café, al cual todos éramos adicto. Mi padre sembraba el café en la media cuerda de terreno y hacíamos todo el trabajo entre todos.

Tostar el café para hacerlo harina no era fácil tarea, especialmente para los pobres. Era una labor mayormente femenina. Mi madre era la encargada de tostar el café y nunca dejó que nadie la ayudara, ni siquiera Yiya, porque decía que no estaba capacitada para hacerlo. Yo le pedí que me enseñara en caso de que por alguna razón ella no pudiera hacerlo. Ella decía que esta labor tenía ciertos riesgos y peligroso por el calentón que se cogía en las manos y en el rostro, o quemarse con la azúcar, pasmarse por el calentón, etc. Un descuido de mojarse o exponerse al frío podía terminar en un 'pasmo'. (Supongo que el pasmo es como una parálisis facial.) Para tostar el café se preparaba una fogata de leña y carbón, en el patio y se tostaba en un caldero que se usaba sólo para eso. Se le añadía granos de garbanzos o 'tuatúa' para aumentar el volumen, el sabor y rendirlo. En casa había trapiche, máquina y el pilón enorme, que algunos vecinos no tenían y se les permitía moler su café en casa. Cuando ya el café estaba casi tostado se le echaba azúcar y se seguía moviendo. Se meneaba con un cucharón de madera largo conocido como 'paleta'. Se retiraba del fuego y se tendía sobre una tabla para secarlo. Cuando estaba bien seco se molía en el enorme pilón de madera con una maseta. Posteriormente les compramos a mi madre y hermanas, una máquina de moler granos para alivianarles el trabajo a ellas. Mi padre acostumbraba compartir nuestra abundancia con los vecinos más necesitados.

Temporal Santa Clara

Una noticia que nos excitó en exceso fue cuando anunciaron que se acercaba el Temporal Santa Clara. Lo adultos estaban muy preocupados y las mujeres asustadas, mientras que los niños y los jóvenes, esperando la novedad, no nos asustamos tanto, al menos en un principio. Mi madre nos contaba de otras ocasiones en que algún temporal o huracán había hecho estragos en la Isla. Especialmente nos contó de la devastación que había dejado a su paso por Puerto Rico el huracán San Felipe. Pero como nosotros nunca habíamos visto un temporal, ni huracán ni ningún otro desastre de la naturaleza, lo más que sentíamos era curiosidad. Los mayores oraban para que se alejara de Puerto Rico y nosotros orábamos para que llegara y ver uno, para así saber. Después de haber vivido la experiencia dolorosas del Temporal Santa Clara, se nos quitaron las ganas de desafiar a la madre Naturaleza. Al sentir los primeros vientos huracanados, nos metimos todos en la barraca y comenzábamos a rezar pidiendo la misericordia de Dios, para nosotros y para el mundo.

Esa barraca la preparó mi padre, con nuestra ayuda, para usarla en casos de emergencias así. Estaba hecha con cemento y concreto armado con barrillas de hierro. Esta era la primera vez que la íbamos a usarla para el propósito por el cual se construyó. Se hicieron los preparativos pertinentes, las compras de galleta, mantequilla, salchichón y gas querosén, para las lámparas, el quinqué y el farol. Se llevaron sábanas, velas, una muda de ropa para cada uno y agua limpia. Se protegió los pocos animales con los que contábamos y se les avisó a vecinos y familiares, que no tuvieran protección, para que se nos unieran. Eso en sí, para todos nosotros fue como una fiesta, porque era algo nunca visto ni sentido y todos estábamos a la expectativa. Estando todos dentro de la barraca, comenzaron las primeras ráfagas, y escuchábamos el rugir del viento que parecía que estaba enojado con el mundo y quería derramar su rencor con los puertorriqueños. El viejo árbol de mangó que estaba al frente de la casa, se movía amenazando con caer encima de la casa y hacía un ruido aterrador, peleando con el viento, como si fueran dos luchadores, en una pelea a muerte. Desde luego que el temporal pudo más que nuestro amigo el árbol de mangó, y al pasar la tempestad mi padre se vio obligado a derribarlo, cortándolo de tronco.   Para mi recuerdo de joven esa tempestad fue una de las experiencias más terrible que han presenciado mis ojos y sentido todo mi ser. Las consecuencias de este temporal fueron catastróficas por las grandes pérdidas para nuestra economía, a nivel de toda la isla. Fueron muchos los animales nuestros que murieron ahogadas, especialmente las gallinas y los pollos. También la agricultura sintió los embates brutales de esa tempestad. Las cañas de azúcar en el cañaveral, quedaron aplastadas como si una máquina, con fuertes manos las hubiese planchado. Las matas de plátanos y guineos fueron derrumbadas, como si fueran madejas de grueso hilo. Eso fue cuento nos afectó a nosotros, pero la gran devastación fue a nivel de toda la Isla del Encanto.

Oración del diario vivir

Señor y Dios mío: Te doy gracias por las noches y los días con los que das, con tu sola presencia, vida a mi vida, por el alimento seguro que nunca me han faltado, por haber llegado al final de cada día a reparar mis fuerzas en mí lecho, en mi hogar... Y darte gracias por sobre todo, Señor, por haberme regalado un día más de vida. ¡Bendice Señor, a cada uno de mis familiares y amigos! Tú sabes Señor, cuanto amo a mis hermanos que en este instante está orando junto conmigo gracias a esta plegaria, y te pido para ellos, victoria en todas sus adversidades, barreras; y por aquellas situaciones que por estar a veces alejados de ti se hacen tan largas y parecen no tener fin. Bendice también sus proyectos, sueños y que la esperanza en tu infinita Misericordia le recuerde que pase lo que pase, Tú nunca nos abandonas.   Las estrellas no luchan para brillar, los ríos no luchan para fluir, y tú, que lees estas palabras nunca tendrás que luchar para sobresalir en la vida, porque te mereces lo mejor. Aférrate a tus sueños y ellos estarán bien contigo....Amén. Los ojos que leen este mensaje no verán el mal; no trabajará en vano, la boca que dice Amén a ésta oración, reirá por siempre, permanecerá en el amor de Dios. Tu sueño no morirá, tus planes no fallarán, tu destino no será abortado, y el deseo de tu corazón será concedido en el nombre de Jesús. Nadie va al río temprano en la mañana y trae agua sucia. Al levantarte en la mañana, que tu vida sea limpia, calmada y clara, como el agua fresca de la mañana. Que la Gracia del Todopoderoso apoye, sostenga y provea, todas tus necesidades, de acuerdo a su riqueza en gloria. Amén y amén.

Capítulo cuatro

Mi hogar

¡Nuestra casa, mi amado hogar, con cuanto amor y nostalgia, la recuerdo hoy! La casa donde nos criamos mis hermanos y yo era una casona fuera de serie. Estaba construida de madera, tablas de astillas sacadas de la palma real, techada de zinc y de cartón y la barraca o tormentera hecha de cemento armado. Teníamos dos bateyes, al frente y detrás de la casa. Había una caja de cemento que servía como aljibe, donde se recogía el agua de lluvia, porque nunca contamos con agua potable. Nuestra casa estaba suspendida como a cuatro pies del piso y tenía una escalera de cemento. También había una alberca para lavar la ropa y para que las aves y animales domésticos bebieran agua. Cuando jugábamos debajo de la casa teníamos que hacerlo con mucho cuidado porque había 'niguas', causadas por el polvo. Estos animalillos se metían en la planta del pie y dejaban sus huevillos allí, causando hasta fiebre. También las gallinas se metía debajo de la casa cuando llovía y para guarecerse del inclemente astro rey; el Sol. Al oscurecer ellas se trepaban al palo de pana y al de chinas, hasta muy temprano del día siguiente, que se levantaba a cacarear, pidiendo maíz. Y nos despertaba el gallo, como rey del corral con su mañanero y temprano quiquiriquí, listo para enamorar a las gallinas de su corral. Nuestras vecinas más cercanas, a las que respetábamos y queríamos como abuelas, vivían en una casita aledaña a la nuestra. Era una cabaña o casucha pequeñita de dos habitaciones. El pozo del que buscábamos agua llevaba sus nombre: el Pozo de Sika y Goza. Sika trabajaba en la casa de Don Toribio Lassalle, como cocinera. De allí nos traía variedad de golosinas y todo lo que pudiera esconder en su 'faldiquera'. Después que murió su hermana mayor, Zaragoza, se convirtió en nuestra abuela, porque todos vivíamos pendiente de su bienestar y ya no la asustábamos con nuestras bromas. Esas dos ancianas fueron muy importantes en nuestra familia y también muy queridas. Sika murió de edad avanzada y en casa la cuidaron hasta el último día. Para mis hermanos pequeños, que no tuvieron la dicha de conocer a nuestras abuelas, Sika hizo ese papel. Su muerte nos dejó un hondo vacío y mucha tristeza. Murió en los brazos de mi hermana Yiya. Sabemos que está en paz por sus muchas bondades y sufrimientos.

El pozo

El pozo era un manantial que nunca se secaba y del cual nos proveíamos agua, a falta de agua potable o de acueducto. Nosotros y los vecinos teníamos la bendición de contar con dos pozos, uno de agua dulce y otro de agua salada. Nuestra desventaja era que el de agua dulce nos quedaba mucho más lejos y la jalda era más empinada. Se nos hacía más fácil ir al 'Pozo de Goza', que al 'Pozo de Ana'. Ambos quedaban en medio del cañaveral y no era tarea fácil buscar el tan preciado y necesario líquido. Cuando cortaban las cañas todo era más fácil pero cuando crecían hacíamos un caminito por entre medio de ellas, para poder llegar. Algunas veces cuando estábamos a mitad del camino, resbalábamos y se nos caía la lata y se derramaba el agua y teníamos que volver al pozo. Las latas que usábamos, que usualmente eran las de manteca; cuando se vaciaban las llevábamos a la quebrada y con líquido de lavar, con arena y con la hierba de cariaquillo oloroso eran lavadas. También usábamos calabazos, que se obtenía de los frutos del árbol de higüera; se le hacía un roto en la parte de arriba, se le sacaban las semillas y se curaban con arena, líquido de lavar, hasta que quedaban limpios y los usábamos para cargar el agua; la ventaja del calabazo era que mantenía el agua fresca.

Al ver los trabajos que se pasaban al buscar el agua y porque a él le gustaba el agua dulce y la familia cada año era más numerosa, mi padre urdió un plan. Preparó un aljibe, construyendo una gran caja de cemento armado. Allí se recogía el agua de lluvia. Recuerdo una vez que desde la finca de María Cruz, me mandó a buscarle agua de la caja. Como el pozo estaba más cerca fui y se la llevé de allí. Él cogió un trago y al probarla me tiró el resto encima y me dijo: –"Ubre, esta agua es de pozo y no de lluvia." En otra ocasión, compré un par de palomas, porque me gustaban mucho, sin contar ni pedirle permiso a él. Sufrí una decepción porque las tuve que soltar; el excremento de las aves según el Viejo, contaminaba el agua, lo cual era verdad. No se me había ocurrido que la mayor parte de tiempo las palomas se posan en el techo de la casa y allí hacían sus necesidades fisiológicas y cuando llovía el agua sucia contaminaba el tanque de agua. A veces nos pasaba, que un ratón caía en el aljibe y se ahogaba y había que derramar toda el agua, para desinfectar la caja con cloro y lejía.

La quebrada

La quebrada era otro lugar que tenía una magia sutil que nos enamoraba a todos en la casa. Quedaba cerca de nuestra vivienda y allí nos bañábamos y se lavaba la ropa. Había un charco que era nuestro favorito. El charco de Maruca, que llevaba ese nombre porque en él se había suicidado la tía materna de mi padre, como ya dije. Decían que ella estaba medio trastornada de la mente y en un arranque de depresión decidió terminar su vida tirándose a la quebrada. Cuenta la leyenda, que sobre su muerte se urdió, que ella había anunciado su deseo de morir y que nadie se lo había creído. Y qué decía que prefería morirse en el agua, pero que lo único que la asustaba era que los camarones le comieran los ojos. Cuando la encontraron ahogada tenía los ojos vendados con un trapo. Su muerte fue una tragedia que conmocionó a todo el vecindario. Y el lugar de la quebrada donde fue encontrada, lleva hasta el día de hoy su nombre y de estos trágicos hechos han pasado más de sesenta y cinco años en el tiempo.

La quebrada tenía unas sepas de bambú que eran preciosas y cada año se multiplicaban. Cuando llovía mucho la quebrada se inundaba con la lluvia y llegaba a varios metros a la redonda. Me gustaba mucho contemplarla crecida, porque impresionaba. Varios días después de su crecida, nosotros hacíamos represas para que el charco, donde nos bañábamos fuera más hondo y pudiéramos nadar. En tiempos de mi juventud, en la quebrada había muchos camarones y anguilas e íbamos con frecuencia a pescar. Hoy en día, ya lo que queda de mi hermosa quebrada es un hilillo de agua contaminada. ¡Una verdadera lástima que esto esté ocurriendo con todos los cuerpos de agua, ríos y riachuelos!

La cocina puertorriqueña

La cocina de mi casa estaba ubicada donde debería estar la sala. Era una habitación grande hecha de madera y tablas de "astillas". Esa madera se ponía dura como el mármol y duraba muchos años. Estaba techada de un cartón especial que se usaba para techar las casas. Por el constante uso del fogón, todo olía a leña y humo porque se iba acumulando un aserrín que manchaba el techo, la ropa y todo. Así que el campesino, aunque se bañara y se perfumara, tenía el olor peculiar del fogón. Pero vivíamos felices, en lo que cabía y no renegábamos de nuestra suerte. Pero sí deseábamos mejorar nuestras condiciones de vida, para nosotros y nuestra familia. Creo que haber nacido en un hogar así, fue lo que me ayudó a ser el hombre de sentimientos compasivos que soy hoy día. Nunca me sentí abochornado o avergonzado de haber nacido allí, en aquel barrio tan amado, ni de la pobreza de mis padres. Hice todo lo estuvo en mis manos para mejorar, ayudándoles a ellos y superándome yo.

Ahora quiero escribir de las innumerables comidas que hicieron en aquel fogón mágico, mi madre, mis hermanas y en ocasiones yo mismo. Un adagio muy popular dice que...«*el amor entra por la cocina*» y creo que de cierta manera eso es cierto. Las personas relacionamos los olores y sabores con las personas con quienes convivimos y cuando pasan los años y esas personas no están con nosotros, al comer las mismas cosas de antaño, vuela nuestro recuerdo al pasado. Así es que la alimentación es una parte importante de la cultura de un país. Mi madre era la encargada de hacer las compras del hogar, porque era ella la que llevaba las finanzas. Para ir al pueblo, al almacén, teníamos que ir en carros públicos. Cuando la situación estaba más o menos buena, compraba un saco de arroz de cien libras, una lata grande de manteca, una lata de galleta de sodas, una lata de mantequilla, un jamón, un saco de sal en granos, un salchichón y una lata grande de leche Klim. Nos gustaba tanto esa leche que cuando nos la robábamos, y la vieja se daba cuenta, nos descubríamos solitos porque al tratar de hablar la leche en polvo metida en la boca se nos salía. Muchas veces era yo el que acompañaba a mi madre al pueblo. Entonces mi padre mandaba a tres o cuatros de mis hermanos a que nos esperaran en la carretera, al lado de la casa de Don Toribio Lassalle. Teníamos que caminar desde la carretera para llegar a casa como un hectómetro y era por un camino de tierra. Para ese entonces no había carretera pavimentada como la hay ahora. Cada uno de mis hermanos se echaba un saco al hombro, lleno de los víveres y les costaba un gran esfuerzo para subir a la loma, donde estaba ubicada nuestra casa.

El fogón

El fogón de nuestra cocina era un primor y en ninguna casa que visité lo encontré tan grande como aquel. Mi padre ayudado por nosotros lo construía. Se preparaba a modo de una mesa alta con cuatro 'patas'. La altura era para que los niños pequeños no se quemaran. Ya habíamos pasado por un accidente, que pudo terminar en tragedia. Mi hermano César, dos años menor que yo, con poco más o menos un año de edad, se arrimó al fogón, en un descuido de nuestra madre. Ella había acabado de preparar el café y lo había dejado al 'rescoldo' y salió un momento de la cocina. Mi hermanito agarró el mango del colador, lo haló y le calló en la cabeza y la cara. A sus gritos todos corrimos. Mi madre le hizo una promesa a San Antonio y parece que el santo varón la escuchó porque no le quedó ni una marca. Esto hizo que mi padre hiciera el fogón altísimo, para que ninguno pudiera alcanzarlo. De paso le hizo un banquito para que mi hermana Yiya, que tenía cinco años de edad, pudiera practicar cocinando, porque le gustaba hacerlo. Para construir el fogón se usaba cemento, tablas, piedras, arena y tierra. Primero se formaba una plataforma, cuadrada, con cuatro patas fuertes para sostener toda la estructura. A esa plataforma, parecida a una mesa, se le hacía cuatro orillas con las tablas de madera, formando una caja cuadrada. Una parte se cubría de cemento, para poner la olla, el sartén o el caldero, cuando se retiraba del fuego. En otra parte se rellenaba con tierra y se aplanaba. En un extremo se ponía tres piedras grandes para meterle la leña y el carbón.

En otro lado se ponía el 'tres pie' o anafre, hecho de hierro que quedaba más alto. En las soleras de la cocina, que era una habitación grande, se ponían nuestros envases para tomar agua, que eran cacharos que traíamos del comedor escolar. Estos eran las latas vacías que las usábamos como vasos. Sólo había un par de tazas de loza, un par de vaso de vidrios y esas eran para servirles café, cuando llegaba alguna visita. Para nosotros se usaban pocillos de lata y a veces nosotros hacíamos envases con el coco seco. Los platos también eran de latón, porque los de loza no duraban. Otros envases que hacíamos con el fruto de la higuera, además del calabazo, eran ditas, platos y cucharas. Las ditas del fruto de higüera más grande se usaban para ventear el café, escoger el arroz y servir algún alimento

La alacena

La alacena era una caja hecha por mi padre, con varias tablillas, donde se guardaban lo víveres comestibles. En casa había dos de ellas, allí se guardaba el jamón, el salchichón, la lata de galletas de soda, las salchichas, las sardinas, la salsa dulce, (kétchup), el queso de bola holandés, la mantequilla, el azúcar, la leche en polvo, etc. Estaba cerrada con un candado y las llaves, guardadas por mis padres. La otra alacena se usaba para poner los pocos trastes, como le decíamos a los cacharros, los pocillos y los plato. La primera estaba herméticamente cerrada con un enorme candado, porque de otra manera nos comíamos los alimentos en un solo día. Esa otra, donde se guardaban los comestibles y los alimentos perecederos, era una verdadera tentación por nuestra voraz hambre. Eso de 'hermético' es como una broma, porque no crean que ese candado era impedimento para que nosotros nos 'robáramos' esas exquisiteces. Metíamos las manos y una buena porción de estos productos desaparecían sin que se encontrara un culpable. A veces cuando mi madre le sacaba el candado y abría la lacena no estaban gran parte de los comestibles y nada estaba como ella la había dejado. Si mi padre se enteraba nos daba una buena golpiza a todos, fuera o no culpable, porque nunca aparecía el verdadero culpable. Entre nosotros existía un 'código de honor', que no se podía violar, este consistía en que el que dijera algo era 'chota' o chismoso y era castigado, por los otros hermanos. ¡Nunca debíamos delatarnos ante nuestro padre, ni ante nadie!

La letrina

En casa no había cuarto de baño y para hacer nuestras necesidades biológicas mi padre construyó una letrina. Mis hermanas no se atrevían ir a ella de noche para hacer sus necesidades, porque había algunos insectos y alimañas y ellas le tenían terror. Especialmente a unas moscas de color verde, o a los 'milimpiés', (conocidos como 'gongolones), arañas, etcétera. Ellas hacían las necesidades en 'escupideras' de porcelana, de las cuales había dos, una para mis hermanas y la otra para mi madre. En ocasiones el pozo muro se llenaba, cada cierto año y había que hacer otro, porque la peste se volvía fétida. Se cavaba un enorme hueco en la tierra, de varios pies de alto y de ancho, se sacaba el piso o plataforma de concreto de la antigua letrina, se desinfectaba con creso, cloro, cal y amoniaco y se cubría el hueco nuevo. El antiguo hueco de la letrina era recubierto con tierra y piedra, se le echaba creso, cal y se dejaba secar. La letrina de nuestro hogar era muy diferente a las demás letrinas que usé, como la de los vecinos o las de las escuelas; la nuestra siempre estaba limpia y barrida. De eso se encargaban mis hermanas. Era uno de los lugares donde Yiya se encerraba a leer, a escondidas de nuestro padre, que se enojaba si la veía con un libro en la mano, como era costumbre de ella. Por esa razón ella procuraba que la letrina estuviera limpia y le lavaban el piso cada semana.

Los corrales

En casa había pocos animales y había vario corrales para cuidarlos porque esos animales eran muy importantes para ayudarnos en nuestra supervivencia. El que estaba más cerca de la casa era el pequeño establo donde cabían dos animales, el caballo y la vaca; estos dos animales eran indispensables. El corral de los lechones estaba alejado de la casa. El cerdo se alimentaba de los desperdicios y sobras de los alimentos sobrante de casa. Pero como felizmente en casa nunca sobraba nada porque todos dejábamos los platos limpios, mi padre le echaba maíz, granos de palma real y la 'caperuza de la panapén, hervida en agua y sal. Esto los engordaba mucho. A veces se compraba una cerda para dejarla parir sus crías. Si era de buena 'cepa' podía parir de ocho a diez lechoncitos. Si esto ocurría era una gran bendición para todos. Se vendían algunos y casi siempre nuestro padre nos regalaba uno para asarlo en la barita. Se engordaba otro para 'carne'. Para carne, quería decir que se sacrificaba y se vendía la carne a los vecinos 'al de tal', por libras, a un precio muy bajo.

Las gallinas

Las gallinas nos proveían con sus huevos y nos servían de alimentos. Ellas se multiplicaban con facilidad y eso hacía que aumentaran el bienestar económico. Se cuidaban con mucho cariño y muy bien. Cuando se ponían 'cluecas' se echaban en un nido, debajo de la casa, con la 'parva' de huevos y se esperaba de veintitrés a veintiocho días para que sacara sus pollitos. Daba gusto ver con cuanto amor mamá gallina cuidaba sus crías. A veces había malas madres, que no sabían cuidar sus polluelos. Esas terminaban en el sartén o en el caldero. Las aves de mi casa, estaban sueltas la mayor parte del tiempo. Solo se enjaulaban cuando se sembraba algún grano, tales como habichuelas, maíz, frijoles, habas y otras. Esto era así para evitar que escarbaran el terreno y se comieran los granos. Para encerrarlas había una jaula cercana a la casa, en la sombra y a veces se le ponía una tela metálica debajo de la casa y se echaban allí. Las gallinas se alimentaban de maíz, purina y de todo lo que ellas picoteaban a su paso. A mi padre no le gustaban las americanas, nacidas en incubadoras las prefería nacidas y criadas en la casa. Había de diversas razas, tales como inglesas, galbanas, japonesas, guajiras, etc. Eran de cuerpo más flaco y tenían menos carne, pero el sabor era mejor en calidad, que las americanas. Eso era lo que decía el Viejo, que en cuestiones culinarias siempre fue excéntrico y maniático. A mis hermanos y a mí todo lo que mi madre guisaba nos sabía a manjar de los dioses.

Las siembras

Los productos, conocidos como frutos menores eran indispensables en nuestra dieta diaria, por eso era necesario aprender a cultivarlos desde temprana edad. Mi padre fue un maestro excelente. Había que sembrarlos con amor y prodigarles mucho cuidados para que cumplieran con su cometido. Cada uno de ellos requería diferentes cuidados y por lo tanto había que aprenderlos. Las fases de la luna jugaban un papel definitivo porque si un grano se sembraba en la fase creciente, crecía un arbusto muy alto y los granos se llenaban de gusanos. Al contrario, si se sembraban en la fase menguante crecían poco y con muchas ramas y el grano era de mejor calidad. Sin embargo, con los tubérculos o los que crecían debajo de la tierra, como la yuca, el ñame, la batata, la yautía y las papas, la mejor fase para sembrarlos era en la fase creciente, para que crecieran mucho. El guineo y el plátano, nacidos de una semilla parecida de tubérculos se sembraba en menguante para que la mata no creciera muy alta. Escribiré las experiencias que tuve con estos frutos menores. El terreno se preparaba con estiércol de res y con cachaza, que era el bagazo de la caña que mi padre traía en el camión desde la Central Plata, que era la más cercana a la casa. Se dejaba reposar sobre el terreno por varios días. Después se araba el terreno con un arado tirado por una yunta de bueyes que se alquilaba. Se picaba con una azada y un pico y se desyerbaba con una raqueta o con un machete. Les puedo asegurar que no era tarea fácil.

Maíz

El maíz era un grano que se utilizaba mucho en nuestra casa y por eso casi todo el año había siembra de él en nuestra huerta. En su cultivo participábamos todos. Ya preparado el terreno se hacían pequeños surcos de un pies, poco más o menos y se echaban en él tres granos de maíz, ya previamente seleccionados por mi padre. La planta se tardaba alrededor de tres o cuatro meses para poder recogerla. De esas cosechas alimentaban mucha gente, surgiendo numerosos milagros para la cocina.

Las primeras mazorcas tiernas se sacaban de la mata para hervirlas en agua y sal y comerlas así. Luego se esperaba una semana más y se recogía otra porción dedicada para hacer mazamorra. Y se esperaba otras semanas y ya bastante seco se hacía el último recogido y se ponía a secar el maíz al sol. Este se dedicaba para moler y hacerlo harina y para alimentar a los animales. Alguno se molía para las aves más pequeñas convirtiéndose en 'trilla.

Yuca

La yuca es otra de nuestras viandas mágicas y de gran utilidad en nuestra alimentación y en otros usos, como lo era el almidón y el pan de casabe. Este tubérculo se sembraba de un gancho cortado en trozos de un pie más o menos y se enterraba en el terreno a una distancia de un pie y medio. Su cosecha se tardaba de ocho a nueve meses. A todos nos gustaba la yuca hervida en agua con sal. Se acompañaba con tocineta, carne de cerdo, chicharrones o bacalao. Las viandas, casi siempre eran preparadas para el almuerzo y el arroz con los granos y la carne se dejaban para la cena. Con la yuca se preparaba gran variedad de alimentos, tales como pasteles, rellenos de carne y empanadillas.

Ñame

El ñame era una de las delicias del almuerzo y no faltaba en nuestra dieta diaria. Era una gran tarea ir a buscarlos en las orillas de la quebrada. Había de distintos variedades y los que crecían en las orillas de ríos, caños y quebradas se conocían por cimarrones o ñames de palma. Se cosechan de un año para otro, pero mi padre se las arreglaba para que todo el año pudiéramos cosecharlo. ¡Era muy laborioso mi Viejo! Los favoritos eran los ñames hawaianos por su textura de color blanco y por lo blanditos. Estos se cultivaban en el patio de la casa. Había ñame de papas, de mina y las 'gundas' que eran las que nacían guindando en el bejuco del ñame. El ñame se comía hervido en agua y sal, en sancochos y se preparaban ricos buñuelos fritos.

Panapén

El árbol de panapén era el más importante que había en nuestro patio. De hecho en la casa había varios árboles de la fruta de pan. La temporada de su cosecha era maravillosa porque con ella nunca teníamos hambre. Había varias maneras de prepararla y siempre era bienvenidas y sabrosas. El plato principal y más común para el almuerzo era la pana hervida en agua y sal. Se acompañaba con bacalao guisado o encebollado y un aguacate al lado. Se acompañaba con sardinas guisadas, carne frita, un huevo, una tortilla. La pana se tumbaba del palo, se picaba en rajas se le sacaba la cáscara y la caperuza de adentro. Quedaba unas fajas finas y esa era la parte que nos comíamos. La caperuza y las cascaras se le hervían para los lechones.

Otro plato muy popular y rico, que nadie lo hacía como mi madre era el guiso de pana con habichuelas blancas y patitas de cerdo. Se acompañaba con tostones de plátanos verdes o maduros. Se hacían tostones de pana, cuando estaba madura y también rellenos con carne.

Los gandules

Los gandules era el grano más preciado y se cosechaba en todas las casas, aunque fueran uno o dos arbustos, porque crecían y daban gran cantidad. Aunque la gran cosecha era una temporada al año, hicieron unos injertos y hay matas que crecen y se cosechan todo el año. La época navideña es su temporada más florida. El arroz amarillo con gandules y carne de cerdo es un plato típico para todos los puertorriqueños. A mi hermano Gui es el único de nuestra numerosa familia que no le gustan los gandules. ¡Él se lo pierde! También se cocinaba guisado, acompañado con bacalao frito y arroz blanco. ¿Y qué decir de un sopón de gandules verdes, acompañado de unas "almojábanas"? Gran parte de la cosecha del gandul se dejaba secar y sus granos secos se guardaban para semillas y para cocinarlo, durante el resto del año. A mi hermana Yiya le gusta más el gandul seco que el verde. Había que tener cuidado de cómo se envasaba porque los ratones hacían fiesta si les podían meter el diente y los gorgojos los echaban a perder.

Arroz

En Puerto Rico, que yo supiera, para esa época no se cosechaba el arroz y muchas veces escaseaba. Era el plato fuerte del día, ya fuera blanco o amarillo, que no sé porqué nosotros le llamábamos colorado. Se servía acompañado de cualquier grano: gandules, garbanzos, frijoles, habichuelas blancas, rojas, pintas, rositas, negras, habas, chícharos, etc. El grano que más se usaba en la cocina de mi hogar eran las habichuelas coloradas, que llamábamos "marca diablo". En ocasiones de crisis económicas, a nivel mundial, los barcos comerciales no venían a la Isla con tanta frecuencia y entonces los comerciantes se aprovechaban para guardar el grano y subir los precios.

El lechón

Cuando en casa se mataba un lechón era una celebración para toda la familia, como si fuera una fiesta. Los preparativos comenzaban con dos días de anticipación. Se sacaba del corral al lechón, escogido para el sacrificio. Se le daba a beber mucha agua con sal para que tuviera suficiente sangre. Se buscaba leña adicional, varias yaguas de palma, para hacer petacas, donde se ponía la carne y los féferes del lechón. Se buscaba agua adicional del pozo y se cortaban ramas y hojas verdes. En una fogata, afuera de la casa, se ponían a hervir enormes latones llenos de agua para pelar al lechón. Después que se mataba el cerdo y se recogía la sangre en un envase especial, con sal en el fondo, se procedía a pelarlo. Luego se abría por la barriga y con sumo cuidado se le sacaban todos los órganos internos. Si se procedía con descuido y se rompía alguna de las tripas había que desechar todas las demás porque sabían a mierda. Por eso se usaba un cuchillo pequeño especial y mi madre y algunas de mis hermanas eran expertas en esa tares.

Además de la carne, todas las partes del cerdo se aprovechaban. Como para esa época no había luz eléctrica en el vecindario ni en casa, todas las carnes había que salarlas y ponerlas a secar al "rescoldo" del fogón, para evitar su putrefacción. Se compraba la sal en granos por sacos, solo de vez en cuando se compraba la sal de pote que usamos ahora. La cabeza del lechón era para mi padre que le encantaba los sesos hervidos en agua y sal. Las patitas, las orejas y el rabo se salaban y eventualmente se hacían guisados, acompañado de arroz blanco y tostones de plátanos. Todos los órganos internos se comían. Mi madre se iba a la quebrada a lavar las tripas o estripaje, que era como se conocía. Estos eran los intestinos delgados, el grueso y el buche que es el estómago. Después de bien limpios se le echaba limón o naranjas agria, para quitarle cualquier residuo del mal olor. Se procedía a condimentar la sangre, con ajo fresco, cebolla molida pimienta negra, recado que es culantro, cilantrillo, orégano brujo, orégano pequeño y sal al gusto. No podía faltar el ají picante que se le añadía al final, cuando la sangre estaba lista.

Para aumentar el volumen de la sangre para que rindiera, mi madre picaba de la grasa que estaba donde se unen los intestinos, conocida como "empella "y la unía a la sangre; a veces le echaba migajas de pan. Se mezclaban todos los ingredientes y se llenaban los intestinos con esa sangre. Se ponían a hervir en agua de sal en una fogata en el patio. Cuando hervían de treinta a cuarenta y cinco minutos, se retiraban del caldero y se cortaban en trozos y se echaban a freír en una sartén con manteca caliente. Esas son nuestras famosas morcillas. Algunas personas le echaban arroz blanco para aumentar la sangre pero en casa no las comía así. Algunas de las tripas se iban seleccionando para preparar las sabrosas longanizas. Estas tripas se soplaban y se dejaban al rescoldo del fogón, por varios días después de rellenarlas con carne cortada en trozos pequeños, y muy condimentada. Se ponían al rescoldo del fogón para que se fueran secando y se curaran. Luego se cortaban en trozos de cómo a seis pulgadas y se freían en manteca caliente. De todas la parte del cerdo lo primero que comíamos era el hígado. Cuando todavía se estaba en la brega de cortar la carne, ya mi madre había guisado la asadura o gandinga. Picaba el hígado en trozos pequeños, lo limpiaba bien y le echaba limón. Se cocinaba a fuego moderado, junto con papas cortadas en trozos. Se hervían guineos, plátanos, ñames, para acompañar nuestra asadura. También había quien la prefería acompañada con arroz blanco y habichuelas guisadas. Las tripas muy finas que no se podían usar para hacer las morcillas o para las longanizas se hervían y luego se freían. La carne que era para el uso de casa, se cortaba en trozos y se separaba la grasa que era para convertirla en manteca. Se 'sajaba' y se salaba. Sajarla era darle unos cortes y separar la magra, de la grasa; de la piel era con la que se hacían los famosos chicharrones. De todos estos usos que se le daban a la carne de cerdo y sus órganos, mi madre sacaba una porción para los vecinos más cercanos y para sus cuñadas y hermanas.

Cuando el lechón se mataba con fines de asarlo, era menos la brega de su preparación. Casi siempre era para una celebración especial, de un "casorio", como se le decía a las bodas, bautismo o cumpleaños, fiesta de Reyes, Navidad o fiesta política. En casa nunca se asó con ninguno de esos fines, sino por el gusto de saborear el lechón en la vara. Cuando la puerca paría, mi padre nos prometía que si cuidábamos a los animalitos bien, el nos dejaba asar uno.

El proceso de sacrificar un animal para comerlo, en

mi hogar era como una ceremonia especial. Así pasaba, no sólo con el lechón, sino que también sucedía con las gallinas. Estas se sacrificaban para hacer un asopado, con fideos, o para cocinar un sopón de arroz. Mayormente se hacía si alguien se enfermaba, para agasajar a una visita especial, o cuando mi madre paría, era sagrado sacrificar un ave escogida, para que con su carne se recuperaran las fuerzas. Algunas veces no había una razón especial, sino que mi padre quería comer carne de pollo. Y pude comprobar, por mí mismo aquel refrán popular que dice: «*gallina vieja da buen caldo*».

Los velorios

En nuestra vecindad casi nunca pasaba nada de importancia. A veces se casaban algunos, o se bautizaba a alguien. Pero cuando disfrutábamos más era cuando alguien se moría, si no era de nuestra familia. Como niños, al fin, no les dábamos mucha importancia al dolor de los familiares del difunto, más no lo hacíamos por maldad, era más bien por ignorancia. Solamente si el que moría era una persona extraordinaria o un niño, entonces sentíamos una pena profunda y no disfrutábamos de ese velorio. De otra manera para mis amigos y para mí eso significaba motivo de fiestas y de comidera. Si alguien fallecía eso quería decir que tendríamos la oportunidad de que se nos dejaban salir por las noches para ir al velorio a velar al difunto y esto duraba más o menos de dos a tres noches. Luego venían las Novenas, que era la tradición de rezarle al fenecido nueve Rosarios por nueve noches consecutivas. Tanto en el velorio como en el novenario, parecía más una fiesta, porque hacíamos chistes, se conversaba de las hazañas del muerto y se comían golosinas, dulces, galletas de soda, de florecitas y de vainilla. El queso, el ron caña, el café y el chocolate caliente no podían faltar. Pero el plato más tradicional para los velorios eran las almojábanas. Estas consistían en arroz molido crudo y a esa harina se mezclaba con agua, sal, mantequilla y huevo y se freía en una sartén caliente. Tal vez por eso las almojábanas fueron muy especiales en nuestra alimentación. Como nos quedaba el gusto por las susodichas almojábanas, le pedíamos a nuestra madre que las hiciera para nosotros. Si era el caso de que Yiya fuera quién las hacía, preparaba un sopón de habichuelas verdes o de gandules, para acompañarlas.

Y ahora que escribo sobre las almojábanas recordé dos anécdotas que vienen al caso, porque de las almojábanas se trata. En uno de esos velorios, en el de Juano Cubero, un anciano vecino muy querido por todos, fuimos la retahíla de muchachos y jóvenes. Uno de nuestros amigo y vecino era un charlatán empedernido y siempre tenía un chiste a flor de piel. Así que esa noche, la travesura de nuestro amigo Moncho, era robarse las almojábanas. Todos estábamos a la expectativa del momento crucial. En la cocina, Celia, la hija del difunto estaba friendo las almojábanas de arroz y al sacarlas del sartén, las iba poniendo en una dita, en el alero de una ventana. Moncho iba, metía la mano y sacaba dos o tres de ellas. Con lo que él no contó fue conque Celia se diera cuenta de su maniobra, así que cuando fue a meter la mano, la metió en el sartén con la manteca hirviendo. Salió dando gritos y cagándose en Dios y en todos los santos. Se formó tal escándalo, pero seguido de risas, que ninguno de los presentes podíamos contener. Cada vez que nos encontramos con él o nos juntamos los hermanos nos reímos de aquel chiste que pasó hace más de cincuenta años en el tiempo. Lamentable hace poco que falleció nuestro amado amigo Ramón Illas, alias, Moncho. ¡Qué descanse en paz y sus errores les sean perdonados, por lo mucho que nos hizo reír! Nunca olvidaremos los momentos tan gratos que pasamos en su compañía, fue un portador de la alegría y los chistes; donde había tristeza, él supo llevar alegría y risas. A alguien que le gustaban mucho las almojábanas era a mi primo el Gregorio Román, que a pesar de ser un doctor en medicina y un hombre que medía más de seis pies de altura, y pesaba más de trescientas libras, se podía comer treinta almojábanas, acompañadas de café con leche. Recuerdo que antes de morir, hace como cinco años, le pidió a mi hermana Yiya que le preparara un caldero con la mezcla de las almojábanas, porque a él no le sabían como las que ella hacía, a pesar de que se le dio la receta.

La Piedra

Anónimo

El distraído, tropezó con ella. El violento, la usó como proyectil. El emprendedor, la usó para construir. El campesino, cansado, la usó como asiento. El niño, la usó como juguete. Drummond, la poetizó. David, la usó para matar a Goliat. Y Miguel Ángel, sacó de ella una bella escultura. En todos estos casos, la diferencia no estuvo en la piedra sino en el hombre. El año que viene es el mismo para todos, depende de cada uno cómo quiera vivirlo. Seguramente tendremos dificultades, piedras en nuestros caminos, problemas... Sin embargo, si ponemos amor y damos lo mejor de nosotros, todo será más fácil. ¡Será así siempre! Camina con los soñadores, los que tienen coraje, los alegres, los que planean, los que hacen, los que tienen sus cabezas en las nubes y sus pies sobre la tierra. Permite que sus espíritus enciendan un fuego dentro tuyo, para que dejes este mundo mejor de lo que lo encontraste.

Capítulo cinco

Hazañas

Mientras crecía fui a la Escuela Elemental en Capá Lassalle de primero a cuarto grado. (Esa escuela ya no existe.) Luego fui a la Segunda Unidad de Voladoras, de quinto a noveno grado. Una de las primeras hazañas en Voladoras fue con Los Futuros Agricultores de América, con mi maestro el señor Loperena del cual nunca he olvidado su nombre. Fuimos a unas competencias con un grupo varios estudiantes del octavo grado. Recuerdo a Juan Bautista Beltrán, que era el Presidente de nuestra clase y compitió en discursos. Freddy Lassalle compitió con el tractor y yo cómo era el más pequeño de estatura, competí castrando cerdo. Me dice el maestro: "¿Te atreverías a competir castrando un cerdo?" "¿Eso es lo único que queda para competir?", le pregunté. "Sí", me dijo. "En mi casa me dicen el capa cerdo." le dije. Con mucha curiosidad el maestro, Mr. Loperena me preguntó: "¿Y por qué te dicen así?" "Porque mi papá me enseñó a capar lechones donde no sangraban, cuando se les hacía la incisión." "Enséñame como lo haces." Le expliqué que cuando mi papá castraba los cerdos no les cortaba los intestinos, sino que iba raspando la tripa en vez de cortarla y así no sangraban. Siguiendo las enseñanzas de mi padre fue como me gané dos premios, en la competencia de castrar cerdos. Desde entonces los muchachos de la escuela me tenían miedo, especialmente si me veían con una navaja. Al enterarme de ese chisme, que me pareció malintencionado, les pregunté por qué huían de mí. Alguien me dijo: "Manolo, si te ganaste un premio cortando "güevos" hay que huirte." "Yo no les cortaba los güevos a los lechones, los castraba cortándoles los testículos, le contesté. Realmente es casi lo mismo castrar y cortar. Al parecer a las muchachas les caía muy bien esos rumores, porque algunas me dijeron: "Si mi novio me molesta te lo dejo saber, porque todos dicen que eres un peligro con una navaja." Sabía que eso me lo decían en forma de bromas y un poco de humor nunca estaba demás. Gané premios y fama. ¡Siempre fui bendecido por mi Creador!

Compañeros de clase

Desde muy chamaquito la amistad y los amigos fueron muy importantes para mí. Gracias le doy a Dios que siempre me rodeé de buenos amigos. Los dividiría en grupos: los amigos del barrio, los compañeros de estudios y los amigos de adulto, estando fuera de mi pueblo; todos fueron importantes. Entre ellos, algunos de mis primos y primas fueron más que amigos, como hermanos. Con el pasar de los años muchos de esos amigos, los llevamos a vivir a nuestra casa, en Estados Unidos para buscar un mejor porvenir. Algunos de esos hermanos de espíritus se quedaban muchas noches a dormir en nuestra casa. Los primeros que recuerdo fueron Tati, el de Merto y Rubén, el de Mingo Mata. El primero que se fue con nosotros a New York fue Arturo Cordero, que no era familia de sangre, pero era el mejor amigo de mi hermano Gui y de mi hermana Yiya. Aunque con esta última siempre se pasaba peleando. Pero comenzaré primero con mis compañeros de escuela. A pesar de los años recuerdo muy bien a muchos de mis compañeros de estudio: Carmencita Bosques, Obdulio Barreto, Héctor Colón, Ángela Colón, Aquilina Crespo, los hermanos, Chan y Néstor Crespo, Luís Felipe, del barrio Rocha, Gloria González, Audelíz Hernández, Ramoncito (Moncito) Soto y Esteban Lassalle.

Imposible olvidarlos si cada mañana teníamos que caminar juntos más de una milla para llegar a la escuela. Recuerdo también aquellos aguaceros del mes de mayo que nos caían encima porque no teníamos sombrillas, paraguas ni capas. Uno de mis desafíos más grande de aquella época era que quería ser como mi mamá, porque para mí ella era un genio. Cuando me gradué de noveno grado pensaba ir a la Escuela Superior que era en el pueblo. Ya tendría que ir en guagua o carro público, ir con zapatos y ya las muchachas comenzaban a caerme bien. Soñaba con estar en la escuela del pueblo. Un día mi padre me dijo: −"Hijo, tengo que hablar contigo." −"Pues háblame, Viejo."

−"Tú no puedes ir a la escuela superior porque eres el mayor y tienes que quedarte a trabajar para ayudarme a criar a tus hermanos." Eso fue para mí como romperme el corazón. Me sentí como si quisiera volar y mi padre me cortara las alas. Desde ese día sentí que mi progenitor no quería que me superara y mi actitud hacia él se torno agresiva. Comencé a reprocharle y a contestar cuando me decía alguna cosa que me incomodara. Mi madre sufría al ver a su "negrito" desesperado, sin ella poder hacer nada. Ella pensó en separarme de mi padre antes de que sucediera algo trágico. Habló con el Viejo y le dijo: "Si Manolo se va para Estados Unidos, podrá trabajar y ayudarnos mejor que trabajando en el cañaveral." Y poco a poco mi madre pudo convencerlo, porque mi padre no quería perderme. Así que un buen día, dejé mi terruño, mi casa, a mi madre querida, mis hermanos, mi cerro, la loma donde nací y a mi padre.

Dejé el callejón que tenía marcadas mis huellas de niño y de adolescente; los cañaverales, donde tantas veces me sentí desalentado; y los cafetales, donde tantos insectos me habían picado y donde pasé tanto frío recogiendo café, tan gustado y necesario en nuestra cocina. ¡Pero al partir allí también dejé parte de mi corazón! Mi madre me trajo a San Juan para llevarme al aeropuerto. Pasamos el día en la casa de mi primo José Luís y él me llevó al aeropuerto. La primera maravilla para mis ojos fue ver los aviones, que eran de motor. De cierta manera me sentí agraciado, excitado y emocionado por la novedad y la gran aventura. Me acuerdo de la línea Transcaribian Air Line. El viaje de San Juan al Aeropuerto Kennedy tomaba seis horas y media en su vuelo. Hoy en día se vuela la misma distancia en un súper avión Jet, de propulsión a chorro, solamente en tres horas.

Los Rascacielos

(La Gran Manzana)

Llegué a la gran metrópolis, a Brooklyn, New York. Allí *«me sentía como una cucaracha en un baile de gallinas.»* Nunca había estado en un lugar donde hubiera tanta gente, ni había visto tantos negros juntos. Llegué a los Proyectos de la Calle Bergen y Albany, donde vivían mis tíos Gloria y Germán, donde tenían un apartamento doble porque tenían nueve hijos. Vivían en el segundo piso. Muchas veces me perdí buscando el apartamento. Un día cogí el ascensor (elevador) que subía para los pisos de números nones y fui a parar al piso número trece ,porque sólo paraba en los números 3, 5, 7, 9, 11, y 13. Un moreno me dijo: –"What floor you going to?" Yo no sabía lo que me decía y solo entendí la palabra floor, (piso) y le hice señales del dos con los dedos de las manos y mencioné el nombre de Ralph. El moreno conocía a mi primo Raúl y me llevó a la casa de mi tío.

Mientras viví en mi barrio nunca tuve una bicicleta, porque ninguno de nosotros tenía el dinero para esos "lujos". En mi escuela el único que tenía bici era Papo Colón, el hijo de Beno Colón, el de La Cuesta, gente de dinero. Siempre soñé tener una para mí. Mi primo Raúl se encontró una en el zafacón, que tenía una goma vacía y me la regaló. Yo tenía experiencia arreglando tubos de goma, porque veía a mi papá arreglando y llenando las de su camión y él me había enseñado cómo hacerlo. Así que arreglé mi bicicleta y no paraba de montarla porque tenía "follón", un follón que no se me quitaba. Para ese mismo tiempo me enfermé con farfallota y se me bajó para uno de mis testículos, que se me puso del tamaño de una bola de jugar softbol. Me llevaron al Hospital King County y allí me dejaron por siete días, porque según los médicos eso era muy peligroso. Sabía muy poco inglés y tenía diecisiete años y estaba como decimos en el campo, «*como el cabro de Tota.*» (Eso quería decir que siempre estaba excitado.) Las enfermeras me pasaban las manos por el testículo y se me paraba "todo" y de la vergüenza que sentía me tapaba la cara con la almohada. Eran mujeres morenas que no estaban nada mal, que digamos y para mí ignorancia, unas frescas. Después que supieron mi edad me pusieron con los adultos. Recuerdo que un señor mayor, que estaba a mi lado, se murió. Cuando lo cubrieron con la sábana solo se le veía una nariz grande que sobresalía sobre la sábana blanca. Por las noches algunos viejos soltaban los gases intestinales y aquello parecía un campó de tiro al blanco.

Allí me sentía «*más asustado que ratón en un fogón.*» Al salir del hospital me fui a trabajar a una bodega que quedaba en la Calle Troy, The Park Place. Quedaba al frente de los Proyectos de Bergen St. Yo nunca había tomado refresco ginger-ale, pues eso no se conocía en el campo. Trabajé allí a medio tiempo, porque como no tenía edad suficiente no me daban trabajo de tiempo completo. En una ocasión en que una de las hermanas de mi padre fue a visitarme, les escribió a mis padres y le dijo que yo estaba mejor en Puerto Rico que allí. Mis padres me mandaron a buscar y regresé. Cuando mis hermanos me vieron me decía: "Pero tú estás más blanco, ¿qué te pasó?" El invierno le pone a uno la piel más clara y cómo hablaba dizque inglés, aunque no sabía que "carajo" les decía, pero eso ellos no lo sabían. Al regreso a mi barrio comencé a cortar caña de azúcar con mi hermano César Antonio. Trabajamos con Toñito Román, Francisco Irizarry, (Sico), que era primo de mi papá, ganando a 50¢ por hora. Después con mis hermanos, aboné cañas, cogí café, saqué carbón, cargaba leña del monte de Toribio Lassalle. El café lo cogíamos del arbusto y del suelo. Cortaba yerba para la vaca y el caballo. Cargaba agua del pozo, en latas y en calabazos, que era una higüera grande que se le sacaban las semillas y después que estaba seca se llenaba de agua. Lo más difícil era cortar la caña de azúcar en lugares donde había picapica. Temprano en la mañana se bañaba uno con el rocío o sereno de la noche y durante el día se mojaba, entripándose con el sudor, por el calor del sol. Nunca podré olvidar el camión Truck Mack, que mi padre compró a crédito por mil dólares. Construimos la caja del camión nosotros mismos, porque el Viejo sabía mucho de carpintería. Hacíamos los rotos con el taladro de mano, (barbiquín) en los pedazos de madera de pino.

Su primer viaje a la Central Coloso nunca se realizó por un accidente. Lo cargamos de caña en La Media Cuerda, cerca de Toñito Román y de Luís Escobar. Íbamos subiendo la cuesta bien y de pronto se le rompió el eje trasero. El Viejo puso los frenos de emergencia y de pronto el camión se comenzó a mover hacia atrás. Yo buscaba una piedra para calzar las ruedas traseras. Y de pronto cogió velocidad y Sico Irizarry me agarró por un brazo y me sacó del medio. Él trató de meter la goma para el lado izquierdo para que el camión no cayera por el precipicio, pero no se pudo evitar. Gracias a Dios que mi padre se tiró a tiempo de desbarrancarse junto con el bendito camión, que se fue por el barranco, al fondo de una quebrada, hecho trisas.

¡Todos comenzamos a llorar, por la pérdida de camión y por el susto de haber estado a punto de perder la vida de mi padre! Después de tanto trabajo todo fue inútil ese día mi papá se dio tremenda "juma" (se emborrachó) y no se le escapó ni un santo. Quiero destacar el punto sobre el rencor que sentí por mi padre y que me siguió molestando después que él murió. Pasado varios años tuve la oportunidad de ir a un retiro Católico, donde pude pedirle perdón a su espíritu. Cuando me negó la oportunidad de estudiar en Puerto Rico me revelé. Sin embargo, sin el quererlo me ayudó, porque no estudiar en mi pueblo no fue ningún impedimento para lograr mis metas, porque estudié en Estados Unidos. Trabajé y disfruté los trabajos, crié y eduqué a mis hijos, según ellos escogieron. La mayor y el menor se quedaron con el diploma de Cuarto Año de Escuela Superior y las dos del medio, Melisa y Melinda, terminaron una carrera universitaria y me sentí muy orgulloso por ello. Cuando cumplí dieciocho años de edad, mi hermano Alejandro me mandó el pasaje para emigrar de nuevo a New York.

Mi Primer Trabajo

Comencé a trabajar en el Restaurante Howard Johnson, que estaba en la Sexta Avenida y calle 47, en Manhattan, frente al Rockefeller Center y el Radio City Music Hall. Allí trabajaba mi tío Germán y su hijo Raúl, mi primo Wilfredo y mi hermano Alejo. Comencé lavando las ollas y carderos que a veces, algunos de ellos eran tan grande que me tenía que meter dentro para limpiarlas y a veces se me hacía difícil hacerlo. Para ese entonces yo no pesaba 100 libras, mojado. Al poco tiempo me ascendieron a lavaplatos. El uniforme era de rayas blancas y azules y no me gustaba, porque se parecía a los de los presos de aquella época. Ya estaba asistiendo a la escuela de noche para graduarme de Escuela Superior y sabía un poco más de inglés. Después que me gradué, como al año, se fue un trabajador y hablé con Tony Corona, un dominicano, alzador de pesas, que también trabajaba allí y él me recomendó para el otro puesto. Le pregunté al Mánager, el señor Caputo, si me podía dejar a mí ese puesto, en el mostrador. Ese era el puesto de bus boy. Me gustaba el uniforme que ellos llevaban que era color blanco como los barberos y los médicos. Me decía para mis adentros: –"Pronto voy a salir de este uniforme que parece de preso y llevaré uno parecido a los que llevan los doctores."

¡Tonterías! Me dieron la oportunidad de practicar y yo me sentía como un doctor. Me dijo que podía venir una o dos horas de mi trabajo regular para practicar y aprender el oficio. Así lo hice y me gustaba ese trabajo y me llevaba bien con los trabajadores del mostrador. Un día se fue uno de los trabajadores, empleados en el mostrador. Me puse muy contento, pues iba a dejar de parecer un preso e iba a vestirme como un doctor, con mi bata blanca. Cuando terminé mi trabajo regular se lo dije al manager, Tony Caputo me dijo: –"Mañana hablaremos, Héctor." Él sabía que yo podía hacer bien el trabajo. Yo estaba tan contento que no dormí esa noche del nerviosismo por la emoción.

Al otro día llegué más temprano que nunca con la esperanza de que me daría el trabajo. Le pregunté a Caputo que cuando comenzaba en el mostrador y me dijo: "Héctor, no podemos darte el trabajo." Para mi sorpresa me encontré a mi hermano Alejandro vestido con el uniforme blanco. "Pero Alex es mi hermano, porque no puedo ser yo si estoy preparado." "No sé si te has dado cuenta que aquí en el mostrador no hay nadie que tenga el pelo riso ni con facciones de negro trabajando en el mostrador."

En otras palabras me quiso decir que yo era negro y en un tono de burla, como si yo no fuera un hombre hecho y derecho. Su actitud comenzó a molestarme y la sangre de mi cuerpo a calentarse. Llorando y temblando de rabia. Yo nunca había dado cuenta ni experimentado la humillación del racismo. Esa era la época del año 1960 y después supe de la lucha a muerte provocada por los racistas, pero entonces era un jovencito inexperto que no sabía de esas malicias. Mi padre era trigueño y mi madre blanca y sus hijos eran prietos y blancos. "Pero si él es mi hermano, ¿cómo es posible que le den el trabajo a él, si yo estoy mejor preparado?" Siguió diciéndome varias cosas más para humillarme. Yo perdí el control y comencé a temblar y a llorar de la rabia. Lo primero que hice fue tirar los platos de las tablillas con las dos manos mientras le decía a Mr. Caputto: –

"Coja este trabajo y métaselo por donde usted sabe." Mi tío Germán, que conocía mi genio iracundo, me sujeto para que no rompiera todos los platos. Me fui para la casa en el Tren D, que se cogía el Rockefeller Plaza. Todo el camino iba llorando. Me comuniqué con mi mamá en Puerto Rico y le expliqué lo que me había sucedido. Su respuesta fue la siguiente: –"¡Hijo mío, ten fe y tienes que aprender a hacer con tus limones, limonada!"

Yo no entendí que me quiso decir hasta que le pregunté. "¿Qué tiene que ver mi situación, lo que me sucede a mí con los limones." Ella con mucha paciencia y

116

tratando de consolarme me fue calmando con sus amorosas palabras, que tenían el don de apaciguarme. Me explicó: – "Hijo, tienes que convertir algo negativo en algo positivo. Como tu hermano es de piel clara le darán preferencias sobre ti. Así que tú tienes que hacer las cosas al doble de buena, siempre mejor, para que así no puedan discriminar contra ti." Para ese tiempo, el año 1960-61, yo no sabía lo que era la discriminación. Ella me siguió explicando, para consolarme: –"Te voy a dar un consejo y jamás se lo digas a tu hermano. Si ves que le dan preferencia a él por el color de la piel más clara, tienes que hacer algo para superarte. ¡Prepárate bien!"

Seguí los consejos de mi Vieja y cogí todos los exámenes que salían en un periodiquito, donde salían anuncios clasificados que salían en Brooklyn, que se llamaba *The Chief.* Mientras tanto, conseguí trabajo en una compañía que se llamaba APD, donde trabajé por un tiempo corto. Cogí varios exámenes: del correo, de la policía, de la sanidad, como guardia penal, para trabajar en la correccional y el de los trenes. El primer trabajo para el que me llamaron fue para La Correccional. No acepté porque era una distancia bastante lejos de donde vivía.

Me llamaron también de La Policía de New York, pero medía cinco pies con siete pulgada y medias y la talla para un policía para ese tiempo era cinco pies con ocho pulgadas, el mínimo. Un instructor me dijo que si me tendía en una tabla en el suelo podía crecer media pulgada en un tiempo razonable. Después podría ir a la academia. No lo acepté tan poco. Me llamaron para el correo y trabajé casi un año. Pero no estaba satisfecho. En este punto que voy a tratar quiero ponerle énfasis. Mis primos Raúl Lassalle y Tommy Román querían entrar a trabajar a los trenes, porque había varias vacantes y el sueldo y las oportunidades de superación eran buenos. Me enteré de que había una escuela donde daban las clases para preparar a las personas. Se llamaba el "Delahanty Institute" y cobraban $125. Hablé con ellos para que juntos fuéramos al instituto, pero ellos se negaron haciendo comentarios sarcásticos.

"Nosotros no necesitamos ir a ningún sitio, porque sabemos buen inglés, hemos estado en el servicio militar y nos regalan 10 puntos de preferencia. Tú que no naciste aquí, no sabes mucho inglés y no estás preparado, vete y paga ese dinero para que te preparen." Me sentí un poco incómodo y les dije: −"Está muy bien, así lo haré."

Muy interesado fui y a coger las clases y luego los tres fuimos a coger el examen de conductor. Mi primo Raúl sacó 72% más los 10 puntos que le regalaron sumó a 82%; Tommy sacó 75% y sus 10 puntos sumó a 85"; yo saqué 89%. Así que al primero que llamaron fue a mí y al año llamaron a Tommy. A Raúl nunca lo llamaron.

Dejé el trabajo del correo porque había más ventajas y beneficios trabajando con la Ciudad y en los trenes. Por ejemplo en el correo tenías que esperar tener 55 años para poder jubilarte, mientras que en el Tránsito, podías jubilarte con 50 años de edad. Para mi gusto creía que trabajando en los trenes había más oportunidades y muchas más emociones. Comencé a trabajar enseguida de conductor, que es el que abre las puertas del tren, y no el que lo opera o conduce. También trabajaba de Flatmen, que es una persona que protege a los compañeros que trabajan en la vía del tren, para que no tengan accidentes ni le pase un tren por encima. Después de los seis meses, me dieron una promoción. Me llamaron de la Academia para que cogiera el examen de Maquinista y lo pasé con 91%. Comencé el entrenamiento y para cuando mi primo Tommy comenzó a trabajar de conductor, ya hacía seis meses que yo trabajaba como maquinista. Me gustaba mucho mi trabajo y pensaba aprovechar todas las oportunidades de ascender que fueran posibles. Así que trabajaba de maquinista y a la vez cogía entrenamiento para trabajar en la locomotora, como Locomotor Ingenier y así podía trabajar de noche y ganaba mejor sueldo. Recuerdo que comencé a trabajar un día 15 de diciembre de 1969 y el 15 de diciembre de 1989 me jubilé como Maquinista, Ingeniero de Locomotora, con una muy buena pensión económica; la mitad de mi sueldo, de por vida.

Emigración

Regresando un poco hacia atrás del tiempo, recuerdo que después de que mi hermano Alejandro me mandó el pasaje y regresé de nuevo a Brooklyn, New York, enseguida que comencé a trabajar mandé a buscar a mi hermano César Antonio; César mandó a buscar a Luís Antonio (Gui) y Luís mandó a buscar a Aníbal, y así llegamos a New York los cinco varones mayores, a trabajar para ayudar a la familia. Poco tiempo después mi padre se enfermó y estaba hospitalizado en el Hospital Regional del Distrito de Aguadilla. Tenía una semana de vacaciones del trabajo y fui a estar con él. Nada más de verme, se mejoró mucho. Por mis obligaciones tuve que regresar a mi trabajo y al poco tiempo se empeoró y murió. No pude ir a enterrarlo pero Aníbal y César fueron y entre todos los hermanos pagamos su entierro. Después de la muerte de mi padre mandamos a buscar a mi madre con el resto de mis hermanos. Fuimos a vivir a la 61 Reíd Ave., en Brooklyn, haciendo esquina con Lafayette. Para ese tiempo mi hermano César y yo trabajábamos en diferentes trabajos. El trabajaba en un restaurante y yo ya lo había hecho. Así que habíamos conversado sobre una meta que teníamos. Queríamos comprar un Deli para que lo trabajáramos entre familia. Los dos estábamos ahorrando dinero y ya teníamos $10 mil dólares, para comprarlo. Pero las cosas pasan como tienen que pasar porque *«el hombre propone y Dios dispone»*. Una tarde la Vieja nos llamó para tratar un asunto de importancia y nos dijo: –"Hijos míos, este vecindario ha estado cambiando y la situación se está poniendo difícil. La droga está llegando al área y yo tengo mucho miedo. Si no hacemos algo podemos perder a sus hermanos." Así que el dinero que teníamos para nuestro negocio lo invertimos en una casa, en un vecindario mejor. Compramos la casa en Queens New York, en Rockway, el 453 de la Calle 63. Era de dos niveles y allí se mudaron mi madre y mis hermanos solteros, en el segundo piso y César con su familia, escogió el primero. Allí vivieron muchos años, hasta que César decidió irse a vivir a Puerto Rico y cuando se habían casado casi todos los hermanos y quedaban solteros sólo 5 de ellos, también mi madre se fue a la Isla. Entonces yo me fui a vivir en la casa.

Latin Star

La casa de mis tíos Germán y Gloria era la casa donde todos llegamos a vivir. Allí se reunía nuestra inmensa familia casi todos los fines de semana. Los mayores jugaban dominó, los jóvenes bailaban y cada cual se divertía de la mejor manera, al ritmo de la música y la algarabía. El encargado de hacer los "serruchos" (colectar dinero de todos) era mi primo Osvaldo, (Nordy), para comprar refrescos, picadillos y cervezas. Allí comenzó la historia de los Latin Star, nuestro equipo de pelota. El manejador y dirigente de equipo era Elvin Ramírez (Zagüi) y cuando dejó el puesto me preguntaron si yo quería ocuparlo. Les contesté con honestidad que no sabía mucho de béisbol pero que tenía buen sentido común y acepté. Tuvimos muchos éxitos. Recuerdo un juego que fue clave. Jugábamos en el Saint John Park, entre la Calle Bergen y la Avenida Troy.

Uno de nuestros jugadores Ricky García, que jugaba segunda base, cometió un error y el equipo contrario entraron dos carreras. Estábamos perdiendo el juego. Los compañeros comenzaron a criticarlos, más yo lo llamé para el lado, echándole el brazo por el hombro y le dije: "¡No te apures! Cuando tengas la oportunidad, tú lo arreglarás con el bate." Me contestó muy emocionado: "¡Gracias, Manolo por confiar en mí!" Y efectivamente, ocurrió que en el último inning, con dos jugadores en base, metió un ron-ron y ganamos el juego. Casi siempre jugábamos con un equipo más fuerte que era La Trinitaria, compuestos por peloteros dominicanos. Ese equipo tenía dos jugadores que habían jugado la Liga Superior. Uno de los peloteros de ese equipo llamado "Purungo", que jugaba Center Field, media casi siete pies de estatura y tenía un brazo que era como un rifle. Cuando jugábamos con él le corríamos como conejos, porque bombeaba la bola y si no la tiraba enseguida, le cogíamos nosotros. La señal que teníamos era: "si él tira enseguida, no te metas, pero si pompea la bola sigue corriendo". Así lo forzábamos a hacer un tiro perfecto. Con esta técnica, siempre le ganábamos. En otra ocasión que estábamos perdiendo el juego, porque el equipo contrario jugaba de mala fe, se me acercó mi primo Osvaldo Júnior (Junito) y me dijo unas palabras inolvidables: –"Manolo, lo malo nunca puede contra lo bueno." Ese año ganamos el campeonato y el primer premio era un viaje a Puerto Rico por cinco días. Íbamos a competir con un equipo, en San Juan, en el sector La Perla. Nos quedamos hospedados en el Hotel Normandy. Ocurrió un dato muy curioso que siempre recordaré como una 'ayudadita de la Providencia.' En el séptimo inning el juego estaba cero a cero y yo divisé una pequeña piedra que estaba en el suelo del campo y la miré y la bola picó en esa misma piedrita y ganamos el juego. Varias personas respetables nos acompañaban, entre ellos el fotógrafo Señor Ortiz y doña Rosita Ortiz que en paz descansen.

Aquel viaje fue una historia inolvidable para nuestro equipo Latin Star. Algunos de los peloteros, aunque eran de descendencia puertorriqueña, nunca habían visitado la Isla y para ellos fue tremenda experiencia y lo disfrutamos al máximo. Pasó algo de trágico porque en la piscina del hotel, el Tesorero de la Liga, aparentemente se tiró al agua. A todos nos creía que estaba vacilando, pero fue que se cayó, de la borrachera tan grande y se estaba ahogando. Mi primo Julio se tiró para ayudarlo, pero no podía subirlo. Se le unieron algunos peloteros que se tiraron al agua y entre todos lo subieron. Mis primos Junito y Tommy, siempre que nos encontramos me recuerdan todas estas anécdotas tan increíbles. Otra de aquellas vivencias inolvidables fue en una ocasión que cambié a uno de nuestros peloteros buenos por otro mediocre, pero aún así salimos ganando con el cambio. Ellos decían que cambié un rey por un "Juan Bola". Nuestro buen pelotero era Tato, el hermano de mi primo Raúl. Era excelente pelotero pero tenía un genio endemoniado y era muy conflictivo. Así que decidimos cambiarlo al equipo Aguirre, por Héctor Pérez, a quién habían apodado, Juan Bola. El cambio fue por una caja de cerveza. Salimos ganando porque el pelotero, que se creía que era mediocre nos salió bastante bueno y nos libramos de Tato. Todos apreciamos a Tato porque es una persona excelente, pero el parque de pelota es un peligro.

Contábamos con un grupo numeroso de fans, tales como mi tío Germán, Luís Pagán, el "El Compay", mi primo Nordy, tío Rosendo Román, René y George, los hermanos de Zagüi, que también eran tremendos peloteros y muchos otros que eran los que apostaban dinero en cada juego. Algunas veces todo el grupo íbamos a Coney Island en tren porque para ese entonces casi nadie tenía automóvil. Y nuestro equipo era el que más números de pelotero tenía. Otro de nuestro fan club era el de la Avenida Troy y nos seguían a donde quiera que fuéramos a jugar. Fui el presidente dc csc club y llegamos a organizar variedades de actividades. Jugábamos dominó, hacíamos celebraciones y muchas fiestas, casi todos los fines de semana. Esto era una manera de mantener a la familia unida. Nordy, con su esposa Chin y sus tres hijos Taty, David y Junito vivían en Manhattan y venían a estar con la familia desde viernes por la tarde hasta domingo en la noche, que alguien se encargaba de llevarlos de regreso a su casa. Chin era el alma de nuestra familia, aunque no nos unían lazos de sangre. Fue como una hermana, una madre y una amiga para todos. Con los años se alejó y nunca volvimos a compartir, pero ese amor por ella está en todos los miembros de la familia de mis padres, que la conocimos. Es una mujer de las que ya no abundad, por su carisma y su bondad. ¡Todos la extrañamos mucho! Después de nuestro memorable viaje a la Isla, jugamos por varios años más. Luego casi todos se fueron casando y como mis tíos Gloria y Germán y mi madre y mis hermanos se fueron a vivir a Puerto Rico, poco a poco nos fuimos diseminando y se deshizo el equipo, Latín Star. ¡Disfrutamos al máximo aquellos hermosos días pasados en los Proyectos!

Amigos y primos en New York

Mis primeros amigos fueron mis primos, y los tres mayores, por parte de madre fueron José Luís, el de Lenzo que fue un gran ejemplo de superación para todos. Él estaba casado con una extraordinaria mujer, Epy Román y vivían en la capital, San Juan. Recuerdo que cada vez que algún miembro de la familia viajaba a Estados Unidos pasábamos la noche en su casa y luego el nos llevaba al aeropuerto. Siempre sentimos mucho cariño y respeto por él Trabajaba en un canal de televisión. En ocasiones fue a visitarnos a New York. Le seguía en edad cronológica Rubén, el de Consuelo, mi tío. Fue el más alto de estatura de toda la familia con más de 6 pies. Mi madre sentía debilidad por él, que la adoraba como su tía favorita. Por esa razón siempre fuimos muy apegados. El ingresó en el Ejército por muchos años y cuando lo mandaron a Fort Dix, en New Jersey, pasamos un fin de semana con él y su esposa Aida. Ese viaje fue diferente porque era la primera vez que viajábamos tan lejos. Fuimos un grupo grandísimo: mi tía Solcia con sus tres hijos, Rosendo y su hermano Toño Pampo, Oscar Ferrer, mi madre con casi todos sus hijos. Como éramos tanto, todos dormimos en el piso. Aida y Rubén se divorciaron más de treinta años después, pero Aída se quedó más unida a nosotros que el mismo primo.

El tercero lo era Osvaldo, Nordy, que fue el más inteligente de nuestra generación, porque se graduó con 4 puntos de la Escuela Superior. Fue el estudiante con promedio más alto y le regalaron en su graduación "La Caja del Saber", era un símbolo de inteligencia y superación. Tenía la oportunidad de ir a la Universidad de Puerto Rico, pero prefirió irse a New York con nuestros tíos, a trabajar en un restaurante, lavando platos. Epy y José Luis le ofrecieron hospedaje en su casa, para que fuera a la universidad; él se negó, perdiendo su talento, porque entre todas las tías y tío lo consintieron demasiado y lo echaron a perder. Era perezoso y muy poco trabajó en la vida. **Wilfredo** fue muy buen amigo, además de primo, compartió un apartamento con César, Gui, Arturo y yo, en el 661 Saratoga Ave, en Brooklyn. Por parte de padre estaba **José Luis** el de Yun que vivió con nosotros en el 178 Albany Ave. Él siempre soñaba con ser policías y logró su sueño, pero a los pocos años lo perdió por culpa del ron. **Luís** y **Julio Márquez** vinieron a vivir con notros a 61 de Reíd Ave;

Luís era analfabeto, pero aun así le conseguimos un trabajo en Manhattan. Era bastante despistado y como 'jíbaro' al fin vivió muchas anécdotas que nos hacían reír. Era el que siempre se perdía. En una ocasión en vez de montarse en el tren J por la misma vía pasaba el tren M y como no sabía diferenciar la F de la M, se fue en el equivocado, en vez del J que pasaba por Kosciusko. Me llamó por teléfono y le pregunté que dónde estaba y me contestó que no sabía. Le indiqué que pidiera a alguien que se pusiera al teléfono. Un alma bondadosa lo ayudó y me explicó que estaba en Metropolitan Ave. Allá, por el 'culo' del buey lo fui a buscar.

Amado y Coquí

Este matrimonio fueron nuestros amigos y muy buenas personas con los que compartimos muchos gratos momentos y muchas fiestas. Eran nuestros vecinos en Reíd Ave. Tenían una numerosa familia y todos se convirtieron en amigos de la familia. Los primeros fueron **Eric** y **Pito**, seguidos **Nena**, **Tita**, **Sungry**, **Rubén**, **Amadito**, y otros hijos que no recuerdo sus nombres, ahora, esto pasó hace más de cuarenta años. Algunos de ellos fueron a la escuela con mis hermanos y mi hermana Yiya, con Manny, bautizaron al más chiquito de sus hijos.

Tato Márquez

Tato llegó a nuestras vidas, cuando Yiya y Manny lo trajeron para que se hiciera una prótesis en un ojo. Y trabajó varios años y luego se fue a Puerto Rico, se casó, construyó su casa y se dedicó con ahínco a la labor de la construcción. Invirtió en algunos terrenos y hoy día es un hombre próspero. Todos en nuestra familia nos sentimos muy orgullosos de él. Siempre lo tratamos como a un hermano menor. Él visitaba a nuestra madre a menudo y cuando ella murió, lo vi llorarla igual que hacían mis hermanos. Cada vez que voy a PR procuro ir a visitarlo y compartir con él, su esposa e hijos. Tato es un bello ejemplo de superación para seguir. ¡Adelante hermano, la familia Bourdón te queremos! A veces siento una emoción muy grande, al comprender que la vida nos ha dado de regalos tantos hermanos y hermanas espirituales, que han nutrido nuestras vidas. Y entonces me dan ganas de agradecer por todas estas bendiciones y bondades que nos ha regalado el cielo.

Frank y Miriam Gerace

Mis compadres fueron fuente de inspiración y motivación para mí. Nos conocimos en la Iglesia Santa Rosa de Lima en Rockaway, Queens, NY; y fue como si nos conociéramos por mucho tiempo. Él es de descendencia italiana y mi comadre es boliviana. Mi compadre ha vivido muchos años en Bolivia. Ha sido profesor universitario en Perú y Bolivia y acrualmente es profesor adjunto en La Guardia Comunity College de Nueva York. Ha escrito varios libros en español y tiene un doctorado en comunicaciones. Mi comadre es terapista de masaje médico. Tuve el honor de que nos escogieran a Edna y a mí para que les bautizara a su hija menor, Laura. Una niña excepcional, que se casó en el 2012 con un Boricua y salió abogada de la escuela de leyes de Fordam University.

Mientras viví en NY casi todas las navidades les llevábamos parrandas y aguinaldos navideños, que ellos gravaban y enviaban a Bolivia. En una ocasión llevé a un matrimonio amigo, de invitados a su casa y mi comadre hizo unas sopas tan sabrosas que mi amigo por poco y se las come todas. Frank me llamó para el lado y me dijo: "Compadre usted no invita a su amigo a comer muy a menudo, ¿verdad? En el mismo tono de broma yo le contesté: ¡Compadre yo no sabía que comiera tanto! En otra ocasión fuimos a una fiesta de la Coalición Latina, invitados por William Sánchez. Allí había un hombre colombiano bailando un pasodoble y al bailar parecía que toreaba y mi compadre, que tiene un agudo sentido jocoso, le dijo: "¿Oiga, dónde están los cuernos?" el señor bailarín no le pareció muy bien la broma de mi compadre, pero al ver la estatura de Frank de más de 6 pies se fue y se sentó. Siempre estamos en contacto y ha sido un enorme placer compartir con él y mi comadre. ¡Qué Dios me los siga bendiciendo en abundancia!

Capítulo cinco

La vida en Brooklyn

En el lugar que primero fui a vivir fue en la casa de mis tíos Gloria y Germán, en los Proyectos de la Calle Bergen. Viviendo en la casa de mis tíos aprendí muchas cosas, conocí a muchos amigos; a Tony, el panameño que se convirtió en un hermano; a Manny González, que posteriormente se casó con mi hermana mayor y tuvieron dos hijos, Jesse y Gricela Inés; a Luís Figueroa, hoy día un abogado exitoso; Papo el de Bruno; Héctor y Sammy Ayala; Fruto, hermano de Juanita; fueron muchos los amigos que hice y que la lista es larga y no cabe en este libro. Recuerdo una ocasión en que fui con los muchachos a un restaurante chino en la Avenida Kingston. Después de terminar con la comida china, uno a uno, se fueron del restaurante. Yo no sabía qué era lo que ellos se proponían y fui el último en querer salir, junto con Carlitos. Cuando el chino, dueño del local se dio cuenta de las intenciones que tenía el grupo de no pagar, agarró a Carlitos del cuello, porque era uno de los más pequeños. Carlitos sacó un sable y me gritó: –"Manolo, corre." Le hice caso y salí «corriendo como alma que lleva el diablo».

Con ellos aprendí a jugar billar, en San Johns y otras veces íbamos a bailar. Una vez fuimos al Club La Terraza que quedaba en la 4ta Avenida, en Brooklyn. Para poder entrar había que ir vestidos con chaqueta. Todos teníamos chaquetas menos mi primo Raúl. No nos dejaron entrar y él se le cagó en la madre a uno de los guardias de seguridad y saliendo de allí nos fuimos a montar en el tren. Cuando doblamos la esquina nos sorprendieron y rodearon tres guardias de seguridad que señalaron para donde Raúl. Se le echaron encima y le dieron dos macanazos por las rodillas. No pudimos ayudarlo. Yo me sentí mal pero él, se lo buscó.

Héctor Ayala era medio jaquetón o jaquetón y medio y una de las veces que fuimos a bailar, como no teníamos mucho dinero se llevaron escondida media pinta de ron, para cuando se acabara la que compráramos en el bar. Eso iba en contra de las reglas pero él se arriesgaba, porque éramos muchos y la caneca se acababa enseguida. Héctor siempre estaba buscando conquistar mujeres y yo estaba aprendiendo con el maestro. Nuestra meta era gastar poco y conquistar a una mujer para luego llevarla a la cama. Ya estábamos en la fila para recoger los abrigos y Héctor, medio "ajumao" le estaba dando un "chino" al tipo que estaba en frente de él. El hombre le dijo: –"Hombre, quédate quieto"Él no le hizo caso y lo hizo de nuevo.

Cuando bajamos las escaleras, el hombre al que molestó lo estaba esperando con cinco tipos más. Pensé para mis adentros que allí nos iban a moler a golpes. Yo me recordé que llevaba la caneca de ron vacía en el bolsillo. Así que la saqué y la rompí en la escalera, dispuesto a jugármelas y los tipos se echaron para atrás y él y yo salimos corriendo. Desde ese día me fui alejando de Héctor, porque yo era un joven de paz y no me gustaban los abusos ni los problemas. Cuando jugábamos pelota Héctor Ayala era uno de nuestros fanáticos. Otros de los muchos paseos que realizábamos en grupo, era ir a alzar pesas y nadar a la piscina de Saint John. También fuimos al Prospect Park, Coney Island y Rikers Park. En este último parque hacíamos fogatas para cocinar y jugábamos domino y beisbol. En la Calle Bergen había una ganga de morenos, conocidos como The Chaplins y como Papo el hijo de Bruno era uno de los miembros, nunca se metieron con nosotros ni nos hicieron nada malo. Muchas fueron las parejas de matrimonio que se formaron en la casa de Germán Lassalle. Nordy con Chin, yo, con Lucy, Alex e Iris, Wilfredo con Vivita, Herman con Lydia, Raúl con Doris, Héctor con Cleo, Elías con Nilda, Rosa Delia con Stanley, Güícharo con Felícita, Rosa Elena con Gui, Tedín con Juanita, Yiya con Manny, Helen con Tony, yo con Edna, Angelina con José, y muchas otras.

Éxitos y aprendizaje

Considero que mi vida ha sido muy fructífera y desde que salí de Puerto Rico tuve la oportunidad de hacer varias hazañas positivas. Comentaré algunas de ellas. Terminé un grado asociado, en la universidad con mucho esfuerzo y dedicación. Trabajé muchos años en los trenes de la ciudad de New York y conocí a otro trabajador boricua, José Román y entre los dos formamos otro equipo de pelota: The Hispanic Indian. Hoy después de casi cuarenta años, todavía ese equipo existe y siguen jugando.

Además de ser el dirigente de los Latin Star, fui tesorero de la Liga Hispanic Sociaty, del Tránsito, que fue otra organización que creamos, que llegó a tener cuarenta mil miembros. Fui coordinador de la Coalición Latina de Far Rockway. Desde muy joven he sido una persona que siempre me ha gustado estar involucrado en las actividades de mi comunidad. Me metí al negocio de Amway y allí estuve por veinte años, llegando al rango de Platino. Fue un privilegio llegar a esa meta. Hace como veinte años que me convertí en la religión católica, buscando de Dios. La persona que me ayudó a que realmente me sintiera cerca de Dios fue una señora llamada doña Lola. Edna me invitó a que la acompañara a una reunión del grupo Carismático, en la parroquia de Santa Rosa de Lima en Rockaway.. Fue más bien por complacerla que por convicción. Me senté cerca de la puerta por si decidía irme. Doña Lola era la coordinadora del grupo de oración y según supe ella no sabía escribir ni leer. Cuando yo la escuché hablar, con palabras tan inspiradoras me quedé maravillado de cómo Dios la usaba. Me preguntaba como una mujer analfabeta pudiera expresarse de aquella manera. Escucharla fue muy impresionante para mí y desde ese momento comencé a sentir hambre de saber más de Dios. Me hice discípulo de doña Lola.

Al tiempo nos mudamos para Tampa, Florida y a los dos años fui el coordinador del grupo católico carismático en la Iglesia Most Holy Reedemer, ubicada en Linebough Ave. Sentí que me faltaba conocimiento y deseaba ser diácono. Me inscribí el el Instituto Laico Pastoral, un programa de cuatro años. Allí me dijeron que para ser diácono no podía tener más de 65 años y para cuando terminé en el instituto tenía 66 años y no pude seguir con los estudios. Entonces decidí prepararme con clases para el Ministerio de visitar los prisioneros. Siempre me he mantenido participando en las actividades de la iglesia. Pertenezco al Coro de la Parroquia de la Iglesia donde asisto. Cogí unos cursos para adquirir más conocimientos en el Instituto de Ministerio Pastoral. Pertenezco a la Orden Caballeros de Colón, una organización Católica, soy Gran Caballero. Fui por varios años Coordinador del Grupo de Oración. Participé en el

Ministerio de la Prisión, llevando la Palabra y ayudando a esas personas tan desafortunadas, a que no se sientan tan solas. Casi todos los años voy a Puerto Rico, a cargar las pilas y a compartir con mis hermanos, amigos y demás familiares que viven allá. Y en la actualidad estoy dedicándoles más tiempo a mis nietos, que son mi adoración; a los cuales quiero dejarles estas notas tal vez, para darles esperanza, dejándoles saber que nada de lo que deseamos realizar es imposible. Y que este jíbaro que vino de un campo de Puerto Rico a los diez años de llegar a Estados Unidos, estaba guiando un tren en la ciudad de New York.

Eso para mí fue algo extraordinario y también lo fue para mi madre que se sentía muy orgullosa de que yo hubiese logrado esta meta. Nunca se me ha olvidado la frase que ella decía de que con mis limones, preparara limonada. Uno de mis sueños es poder tener la dicha, antes de morir, de ver que alguno de mis nietos llegue a ser un médico, abogado o ingeniero. En la actualidad tengo once nietos. Y una de mis metas antes de morir es dejarles mis memorias como legado. Al igual que mi madre y casi todos mis hermanos, tengo alma de poeta y tengo varias canciones escritas que estoy en el proceso de registrar y que compartiré en el último capítulo. Y otra de las meta que tengo desde que llegué a Florida es la de formar una organización boricua y estoy trabajando para lograrlo.

Desde joven me había gustado mucho la locución y hace pocos años tuve la oportunidad de tener mi propio programa en una de las estaciones de la radio en Tampa: Borinquén canta. Destacando especialmente la música navideña. Entre mis planes está volver de nuevo a otro programa y creo que lo voy a lograr. Yo les enfatizo a mis hijos y a mis nietos de que tenemos que ser positivos si queremos vivir una vida con propósito. Siempre me han gustado los negocios y las empresas. Y le doy gracias a Dios de que he tenido buena salud y más de un refriado no me ataca. Y la única vez que estuve en un hospital internado, fue cuando me dio farfallota y se me bajó a los testículos. Me gusta mucho un Proverbio que dice que la persona que es buen hijo tendrá largos años de vida. Tengo la esperanza de ver a mis bisnietos, pero pidiendo siempre que se haga la voluntad divina y no la mía. Espero que todos los que lean estos fragmentos, de los retazos de mi vida reciban bendiciones. Mi mayor deseo es que todos comprendan que debemos comprometernos, para ser ejemplo para nuestros hijos, nietos y demás familiares y amigos. Tenemos que perder el miedo y ese ha sido uno de los consejos de muchos sabios: "No tengan miedo." Si creemos en Dios y tenemos confianza debemos seguir adelante.

A los que tengo la oportunidad de que me escuchen les enfatizo la importancia de la educación. Creo que es un deber educarnos, porque así tenemos amplio criterio y podemos comprendernos mejor, los unos a los otros. Uno de mis sobrinos dice que todo el mundo no nació para estudiar una carrera universitaria. Yo no acepto eso, porque cada ser humano poseemos la capacidad de aprender y espero que aunque sean mayores sigan mis consejos y mi ejemplo. Si queremos dejar algo sembrado tenemos que aprender a hacerlo. El que siembra, siempre cosecha. Si no hemos sembrado los de mi generación, tal vez nuestros nietos no tengan semilla para sembrar y cosechar. Si lo que sembramos es cizañas y acciones negativas, será ese el ejemplo que aprenderán. Por eso es importante asegurarnos que somos personas de integridad, gente seria y honesta. No podemos cambiar las Leyes universales, porque eso no da resultados positivos y es para todos por igual. Por eso debemos de seguir orando, pidiéndole a nuestro Dios y aprendiendo a ser mejores para demostrar que no vinimos a este mundo, sólo a ocupar un espacio. Tenemos el deber de hacer algo positivo con nuestras vidas. Así cuando lleguemos a donde San Pedro y él nos abra las puertas para entrar al Cielo y nos pregunte: –"Y tú, ¿Qué hiciste en tu vida?" Muchas personas hacen muy poco por ellos y por los demás. Hace unos días recibí un mensaje que decía que había 2 tipos de personas; unos eran al 7% y otros al 93%. Unos viven como en un carnaval, otras siempre se están quejando y no hacen nada para mejorar. Van a trabajar, comen, duermen, sacan la basura; y sólo están pendientes de los bienes materiales. Son hijos de Dios y pertenecen al 93%. Los positivos, buscan de Dios y procuran vivir una vida con honestidad, esos son el 7%. Yo quiero pertenecer al grupo del 7%, aunque seamos los menos.

Un punto que es muy importante para mí y que no puedo pasar por alto, es mencionar es algunas de las muchas personas que me motivaron para llegar a ser el hombre que soy hoy. Los primeros fueron mis padres y muy especial mi madre que fue mi primera maestra y heroína. Mi primer maestro de matemáticas el señor Emeterio (Nerín) Quiñones, en la Escuela Segunda Unidad de Voladoras. Mis tíos Germán Lassalle y Rosendo Román que fueron como padres para mis hermanos y para mí. El Licenciado Frank Ortiz, uno de los mejores abogados criminalistas del estado de New York, graduado de la Universidad de Harvard, que fue y sigue siendo mi amigo por muchos años. El licenciado Humberto Méndez, abogado y escritor mocano. La señora Lydia Rivera y Rolando Malavé, amigos entrañables que me ayudaron y asesoraron. El Doctor Rafael Esparra, que fue uno de los fanáticos de nuestro equipo de pelota Latin Star. Dirigía el Programa de Estudios Puertorriqueños, en el Comunity Collage, en Brooklyn. Él ayudó a varios peloteros del grupo a ingresar en la universidad y proseguir estudios universitarios. Algunos de mis primos que ayudó fueron a Luís Antonio Irizarry, Pablo y Julio Lassalle, David y Osvaldo Román. Pablo y Osvaldo llegaron a ser Principales de Escuela. Luís Antonio, trabajó como Patrullero de Emigración y en la actualidad ya está retirado. También mi primo Tommy se retiró como conductor de los trenes. Todas estas personas sembraron en mí ser, en mi pensamiento, ideas positivas y son orgullos de mi círculo de amor y de nuestra tierra de Borinquén. Por todo lo que hicieron al motivarme desde aquí les mando infinitas bendiciones y energías de amor.

Capítulo seis

El Maquinista

(The New York Transit Authority)

El maquinista es la persona que conduce u opera los trenes de un lado al otro de la ciudad, llevando a los pasajeros hacia su destino. Es un trabajo de mucha responsabilidad. Antes de llegar a ser maquinista hay que pasar por otras ocupaciones y con tiempo, experiencias y estudios se llega a serlo. El llamado conductor de trenes es el que abre las puertas del tren. El Flagman es el que protege a los compañeros que trabajan en la vía. El operador de torre es el que controla los botones de las vías. El despachador es el que encargado de dirigir los trenes a su horario cuando llegan a los terminales. El despachador tiene un asistente que lo ayuda en sus tareas. El inspector de trenes (RCI) es el mecánico encargado de la reparación de los trenes. El inspector de maquinista es el que educa y cualifica a los maquinistas. El superintendente es el jefe supremo de todo lo que tiene que ver con los trenes y sus trabajadores. Éste es seguido por el Train Master, que es el jefe y encargado de lo que pasa en los trenes y su funcionamiento. El Yard Master es el jefe de los garajes y se encarga de los trenes que llegan allá. Track Man es el que trabaja en las vías, construcción y mantenimiento. El Signal Man es el hombre que trabaja en las luces y las señales. Están los hombres que trabaja en los terminales. Y está el Rail Road Clerk, que es el que vende las fichas o tokens para que los pasajeros entren al tren. Y están los que trabajan en las oficinas y se encargan de todo el papeleo concerniente a las necesidades de los empleados y de las quejas o sugerencias de los pasajeros.

El tren se desplaza usando una corriente eléctrica de 2,000 voltios, o sea corriente directa. También hay luces especiales que operan para que el conductor cierre las puertas y salga del terminal, o de una parada. Otras luces de vital importancia son las luces o señales para determinar si el tren debe pararse o hacer alguna conexión. Hay terminales para las últimas o las primeras paradas del tren. Hay estaciones especiales donde se conectan los trenes, por ejemplo en New York: en Jay Street Station hay los trenes A y el F... El Tren-A sale de Far Rockway a las 7:23 a.m. hacia la 207 St. Ese es su "código". Si el maquinista pierde su indicación en el camino, habla con el conductor a través del sistema de direcciones públicas y si el conductor tiene las indicaciones, se mantiene en servicio por medio del buzzer systen o toque de botones. Cada vez que el conductor abre o cierra las puertas en las paradas o estaciones tiene que hacerlo con precisión. El maquinista pide ayuda para arreglar su indicación por medio de su radio, si se puede arreglar en ruta, el tren se mantiene en servicio, si no se puede arreglar sacan ese tren fuera de servicio y se notifica al gerente despachador, que no se tiene indicación. Si el centro de comando no ha notificado el Dispatcher, se pone el tren fuera de servicio. Luego el equipo compuesto por el maquinista y el conductor van a la oficina de equipo y se toman un tiempo para ir al baño, beber café y estás listo para sacar el tren de la 207 St., hacia Far Rockway, cuando llaman a tu número,

Normalmente el Tren-A hace dos viajes de ida y vuelta y eso completa las ocho horas de trabajo. Antes de que se pueda ser maquinista y cargar los pasajeros debes haber trabajado en las yardas por lo menos un año y en un principio trabajar con un maquinista experimentado. Eres instruido y adiestrado para solucionar problemas eléctricos, problemas en los frenos, dificultades con las puertas, problemas de comunicación. También nos enseñan a apagar fuegos eléctricos, a evacuar pasajeros, como identificar un problema rápido y a solucionarlo efectivamente. Debes aprender como operar la radio y como usar el sistema de comunicaciones que tiene el tren. La yarda es el garaje de los trenes donde dejan o se arreglan. El tren está dividido en diferentes vagones y cada uno de los vagones tiene un sistema computarizado donde se mantiene las millas de cada uno.

Cuando yo comencé a trabajar, los vagones se inspeccionaban cada 1,000 millas. En un tren de 10 vagones si el despachador encargado del control de los vagones, nota que tiene 3,525 millas y ha tenido 1,000 sin inspeccionar, saca el tren con los 10 vagones y lo manda a la yarda más cercana. Luego despegan ese carro completo, le ponen frenos nuevos, lo engrasan y le hacen un chequeo completo. Luego se busca otro carro y se regresa al itinerario diario del tren. En los garajes nos enseñan a cómo cortar los vagones, a reparar los trenes. En las yardas hay mecánicos en lugares claves. Cuando uno reporta un problema al centro de comando debe identificarse y el mecánico te espera para solucionar el problema. Si el inspector de carros cree que todo está en orden y el problema resuelto sigue en ruta con los pasajeros, sino no es seguro para los pasajeros saca el tren fuera de servicio. En los garajes los maquinistas trabajan en equipo de dos, uno al frente y el otro en la parte de atrás; el del frente hace los cortes y notifica al que está detrás de cada movimiento que hace.

Por ejemplo si hay que coger un tren como caballo para cargar cuatro carros, en la vía 10, dejan dos en el garaje y dos en la vía 20; y luego cogen 6 carros en el garaje y dejan 4 en la vía 14… si no hay comunicación el tren no se mueve. Los trenes tienen un sistema que en inglés se nombra fail safe, que en cualquier emergencia hay seguridad. Por ejemplo si un carro tropieza con un objeto en la vía, se para automáticamente, si el tren se separa en ruta, se para automáticamente, si un tren pasa por un semáforo rojo, el semáforo tiene un brazo, horizontal y cada vagón tiene un mecanismo que tropieza con ese brazo y pone los frenos de emergencia. Si es el caso de que el maquinista se duerme y no pone presión en el control, los frenos activan automáticamente, lo mismo si el maquinista se muere de un ataque. Si alguien hala el cordón de emergencias, que hay en cada vagón, el tren se para y el conductor y el maquinista tienen que averiguar la razón. En los veinte años que estuve trabajando el New York Transit presencié tres suicidios y un accidente mortal. El accidente ocurrió a la 1:45 pm. El tren se atorró con 'algo' y se activaron los frenos de emergencia. Enseguida llamé a Centro de Comando y me fui a investigar, después de poner el tren asegurado. Le di instrucciones al conductos, que es el encargado de abrir las puertas.

"Mientras yo observo tu posición, camina hacia la parte de atrás del tren." Él hizo lo que le pedí.

Mientras tanto uno de los supervisores escuchó la comunicación que tuve con el Comando Central y abordó el tren, me indicó que me quedara donde estaba, mientras él caminaba hacia el frente y esperaba órdenes. Me informó que había localizado a la víctima que fue una señora legalmente ciega. Al abordar el tren en vez de entrar por el centro de la puerta, se metió en el hueco entre dos vagones. Se cayó a los rieles del tren y éste la pegó sobre la plataforma. Al levantar el tren con unos gatos especiales, ya estaba muerta. De nuevo me sacaron de servicio y me mandaron a chequear la sangre y la orina para ver si estaba libre de alguna substancia como alcohol o drogas.   Como maquinista y como hombre de bien, les voy a dar algunos consejos para cuando viaje en tren: nunca se recuesten en las puertas, porque en varias ocasiones ha ocurrido que las puertas se han abierto solas. Esto puede ser por un contacto del polvo de acero que crea un circuito y abre las puertas; se pueden, entonces caer a la vía o si es un tren elevado caer a la calle. Nunca se paren muy cerca de la orilla de las estaciones, porque algún suicida o loco puede darle un empujón cuando el tren se aproxime y esto causa una reacción dominó. El último consejo es que si por casualidad es la primera vez que va a montar a un tren quédese cerca del conductor. Trate de no ponerse nervioso, mirando medio asustado, actúe de la manera más normal posible. Aunque tenga miedo disimúlelo porque en los trenes hay muchos malhechores esperando la oportunidad para cometer sus fechorías. Si se da cuenta de que usted es nuevo en el tren y está asustado creerá que es una presa fácil.

Las mujeres son
Anónimo

Las mujeres son unos seres que tienen fuerzas que asombran a los hombres y les asombran a ellas mismas. Cargan tanto niños como penas y toda suerte de cosas pesadas. Sin embargo tienen espacio para la felicidad, el amor y la alegría. Ellas sonríen cuando quieren gritar; cantan cuando quieren llorar; lloran cuando están contentas y ríen cuando están nerviosas. Lloran cuando esperan una llamada de su pareja avisando que llegó sano y salvo a su lugar de destino y cuando le dicen que lo extrañan. Todas ellas tienen cualidades especiales y se ofrecen para las causas buenas. Son voluntarias en hospitales, llevan alimentos a los necesitados, trabajan como niñeras, amas de casa, abogadas, médicas y solucionan disputas entre niños y vecinos. Usan trajes de vaqueros, uniformes y también minifaldas. Las mujeres recorren largos caminos para conseguir la mejor escuela para sus hijos y la mejor atención para la salud de su familia. Ellas no aceptan un "no" como respuesta, cuando están convencidas de que hay una solución. Son inteligentes y saben de su poder; sin embargo saben usar su lado suave cuando quieren conseguir algo, porque son muy astutas. Las mujeres se alegran o lloran cuando se enteran de un nacimiento o de un matrimonio. Saben, que un abrazo, un beso y un "te amo" puede sanar a un corazón roto. Una mujer puede lograr que una mañana, una tarde o una noche romántica, sean inolvidables. Ellas vienen en todos los tamaños, colores y formas. Viven en casas, en cuartos, en mansiones, palacios y en cabañas. Ellas pueden competir en carreras, manejan automóviles, camiones, aviones, bicicletas, caminan o usan la computadora. El corazón de una mujer es lo que hace girar el mundo. Todo lo que ellas quieren es un abrazo, un beso, una caricia, una llamada, la atención de los que ama. Las mujeres tienen mucho que decir y mucho que dar. Su belleza no está en la ropa que lleva puesta, o en la figura de su cuerpo o la forma como se peine o se maquille. La belleza de una mujer debe verse en sus ojos; a través de ellos, porque es la puerta de su corazón y de su alma, el lugar donde el amor reside. Es el cuidado que ella le da a la pasión para estar con el hombre que ama, lo que hace que se entregue a él inocentemente. Es el cuidado que ella le da a su amado, cuando éste está enfermo o cuando le prepara una taza de café o de té en una noche de invierno. La belleza de una mujer, con el paso de los años crece hasta el infinito.

Capítulo siete

La Mujer, mis amadas

Mi madre y último adiós

Las mujeres han sido para mi formación de hombre, un factor muy importante. Creo que sin ellas, el mundo sería un lugar triste y desolado. Tal vez este sentimiento de amor por la mujer se deba a que siempre he estado rodeado de muchas mujeres inteligentes y muy especiales. Dios me bendijo con una madre extraordinaria, que fue el primer regalo que me ofreció la vida al nacer de ella. Luego, para mi regocijo, además, me regaló siete hermanas. Pero de todas ellas, la más importante de mi vida, siempre lo fue mi madre, Inés. Tanto es así que a pesar de que se cumplieron más de dos décadas de haber dado su cambio físico, todavía es el faro de mi corazón. Ya sé que he hablado de ella anteriormente, pero es que mi boca no se cansa de nombrarla. Mientras vivió y caminó sobre la Tierra fue mi mejor amiga, mi maestra, mi consejera y mi más estricta crítica. Me inculcó el amor por las bellas artes, especialmente la literatura, enfatizando en la poesía y la música. Su hacer y su decir era tan intenso para mí, que alguna vez pensé, secretamente, en que no quería crecer para permanecer más tiempo en su regazo. Para mis hermanos y para mí, estar con ella era una fiesta. Desde infantes nos arrullaba con su voz emotiva y cautivadora, recitándonos bellas poesías y cantando nanas inventadas por ella misma; y de niños nos narraba cuentos de amor y de aventuras. Por las tardes, casi al oscurecer, «*cuando aún no es de noche y casi no es de día*», (como escribió un poeta), en el patio detrás de la casa y bajo el toronjil, nos reuníamos y disfrutábamos de su recital. Mi padre la contemplaba, con ojos llenos de amor y admiración, desde su hamaca y alguno de mis hermanos sentados desde los columpios, que había en el palo de pana. El resto nos sentábamos a los pies y en el regazo de nuestra madre. Ella era el núcleo fundamental de nuestra familia. En una ocasión desafié a la autora de mis días cuando le hice una pregunta muy atrevida, y recibí una lección de su parte que me dejó patidifuso. —"Vieja, si tú eres tan inteligente, ¿por qué te casaste con mi padre, que no es como tú?"

Ella me contestó de una forma que nunca se me olvidará. Me miró a los ojos, cogiendo mis dos manos y me habló así: —"Hijo mío, ¿has pensado qué si yo no me hubiese casado con tu padre, tu no estarías haciendo esa pregunta?" Su respuesta la sentí como si me hubiese dado una cachetada. Desde ese día lo pensaba bien antes de hacerla cualquier pregunta. Ella era tan inteligente y de una memoria privilegiada. Podía aprenderse un libro de poesías completo. Yo quería ser como ella, pero nunca lo logré. Sin embargo de ella aprendí esa lección y otras muchas, que en ocasión le probaba. Una vez la llamé desde la ciudad de New York, para saber cómo se encontraba, porque la llamaba cada semana. Este fue nuestro diálogo más o menos. En esa ocasión le pregunté: "¿Qué tal estás, Vieja, y cómo te sientes? "¡Ay, mi hijo, estoy más pa´llá que pa´cá! Yo le argumenté utilizando la misma agudeza que ella usaba conmigo y la puse en jaque mate. "Bueno si estás tan negativa, y te quejas así, pues no te vuelvo a llamar. Ella enseguida entendió el mensaje subliminal y me contestó, antes de que yo terminara: –"Ay hijo no me hagas caso que yo estoy como un cañón, estoy cómo viento en popa.

Desde ese día jamás volvió a quejarse, aunque se sintiera muy mal. Y cuando se enfermó del cáncer, que al final la mató, se me partió el alma al no poder ayudarla a que dejara de sufrir. Ella fumaba como una chimenea, cuando comenzó a fumar, desde muy joven, fumaba cigarrillos sin filtros. Por eso siempre odié y detesté los cigarrillos y nunca los fumé. Cuando mi madre estaba en el hospital y se puso grave, estaban con ella mis hermanos César, Teresa, Yeyi, Yiya y Helen. Nos llamaron a Alex a Detroit y a Gui y a mí a New York y fuimos a verla. Al llegar aunque estaba en sus últimas horas de vida, todavía estaba consciente y nos reconoció. El diagnóstico era que le quedaban pocas horas. Lo primero que le dije fue que venía a verla y a despedirme de ella. Al reconocer mi voz dio un brinco y abrió los ojos y me apretó las manos. No me explico cómo Dios me dio fuerzas para decirle esas palabras. Ya mis hermanas me habían dicho que era necesario que la soltara y que la dejara ir en paz. Era que yo no me resignaba a verla morir y ella no se iba esperándome.

Así que Dios, que ha sido muy misericordioso conmigo, me sostuvo y le doy gracias por ello. Ese amanecer les dije a todos mis hermanos que se fueran que yo me quedaba con ella. Esto ocurrió en el Hospital Bella Vista, en la ciudad de Mayagüez. La cogí en mis brazos, sabiendo que sería la última vez que lo hacía. Comencé a cantarle una canción de Julio Jaramillo, titulada: **Eran tus ojos**. Sentí poco a poco cómo se le iba escapando la vida; pero también sabía, y esto me consolaba, que se dirigía hacia la Luz de Dios. Así que murió en los brazos de su Roca, como ella me decía; yo era para ella su mejor amigo, su consejero, su negrito.

Yiya, que estuvo todo el tiempo con ella, me dijo que la había dejado ir y que yo tenía que hacer lo mismo, porque su reino ya no era de este mundo; y yo con dolor en mi alma y en mi corazón, la dejé ir. Sé que tenía que pasar como pasó. Ella quería irse, pero necesitaba mi presencia y mi comprensión de darle ese derecho y calmarla para que su partida fuera más suave. Sé que se encontró con mi padre en el paraíso, o a donde quiera que vayan las almas nobles y buenas. Disfruté mi vida a su lado y siempre fue mi motivadora. En estos momentos de mi vida estoy pasando una crisis y ¡cuánto diera porque ella estuviera conmigo! Sé que su recuerdo y su amor están conmigo siempre, ¡pero que alivio sería poder consultar con ella! Escribiendo estas notas no puedo dejar de llorar. ¡Cuánto la añoro! Pero a la misma vez le doy gracias a Dios que cómo dice en la Biblia, en los Proverbios que «*aquel que es buen hijo tendrá largos años de vida*»; y yo fui buen hijo y creo en su palabra. Doy gracias al Padre porque aunque ella se fue me dejó a mi hermana Yiya, que me alienta en mis tribulaciones y me da ánimos para que siga luchando contra viento y marea; y César que aunque es menor que yo en edad, siempre demostró tener una madurez y una comprensión extraordinaria. Aunque él está lejos de mí en distancia lo consulto y siempre tiene una palabra certera y de aliento. También mis hermanos Helen y Aníbal me consuelan y me alegran con sus chistes y sus bromas. Mis otros hermanos no me conocen tanto porque son menores. Alejo y Gui también me tratan muy bien cuando los visito en Puerto Rico, donde viven.

Formando mi familia

Lucy Betancourt

De adulto he conocido y amado a varias mujeres, y dos de ellas me regalaron tres hijas. En los Proyectos de la Calle Bergen, allí fue que conocí a Lucy Betancourt, que se convertiría luego, en mi esposa, de una manera inesperada. Lucy, como quién dice, me robó de otra enamorada que tenía, llamada Nereida. Ambas vivía en la misma dirección: 1400 Bergen St., en Brooklyn, NY. Nereida vivía en el primer piso y Lucy en el tercero. Lo que me hizo decidirme por Lucy no fue que me robara de Nereida, como dije antes, en realidad lo que ella hizo fue que me robó el corazón. Los padres de Nereida pertenecían a la religión Pentecostal y eran muy serio; Lucy en cambio era coqueta y mucho más bonita que Nereida. Tuvimos un noviazgo tormentoso y decidí terminarlo porque me consumía demasiadas energías. Lucy no se quería dar por vencida y se fue a Puerto Rico donde mis padres. Ella tenía diecisiete años para entonces. Ella le contó a mi hermana Yiya que yo la había deshonrado y mi hermana se lo contó a mi madre y mis padres decidieron que tenía que casarme con ella. Lo que ella contó no era verdad, pero por no hacer sufrir a mi madre fui a casarme como ellas querían. Así se convirtió en la primera hija política de mis padres que la querían mucho. Fue la primera mujer en entrar a nuestro pueblo, llevando el apellido de mi padre. Después de casados regresamos a Nueva York y nuestra relación no cambio mucho, porque ella era muy cambiante; cuatro días a la semana era tremenda mujer y los otros tres días cambiaba drásticamente, como si estuviera poseída por malos espíritus. Viví un año con ella y tuvimos una hija Lucy Inez, (Tuty), mi gran orgullo.

Luego nos divorciamos y ella se quedó con nuestra hija, pero yo siempre estuve pendiente de proveerle sustento y mucho amor. Al poco tiempo Lucy se volvió a casar, con un hombre que llegó a ser mi amigo; Ralph (Guito), a quien tengo que agradecerle que tratara a mi hija con amor y respeto, como si fuera hija suya. Los padres de Lucy siempre me apreciaron como a un hijo y amigo; doña Luz y Luís Pagán siguen siendo muy importantes en mi vida y cuando tengo la oportunidad voy a verlos y compartimos mucho. Tengo que darle las gracias a esa mujer que me dio el privilegio de ser padre por primera vez y también por los momentos bonitos que pasamos juntos. ¡Deseo que su vida esté llena de amor, abundancia y paz espiritual!

Edna Soler

A los pocos años conocí al gran amor de mi vida, Edna Soler. La conocí en la playa de Coney Island y tenía 17 años de edad y yo tenía 23. Era una joven bella, muy delicada y desde un principio quedé prendado de ella y me hice el propósito de conquistarla. Encontré resistencia, porque su madre no estaba muy contenta con nuestra relación, luego de conocerme y tratarme aceptó nuestro noviazgo. Estando comprometidos para casarnos, repentinamente, su madre murió. José Soler, (Don Cheo), su padre, me aceptó desde un principio y fue muy bueno conmigo.

Nos casamos y fuimos a vivir a Brooklyn, varios años después nos mudamos a Far Rockway, a la casa que habíamos comprado César y yo. Allí vivimos como veinte años y tuvimos tres hijos; Melisa Diddy, (Lisa) Melinda Cristine, (Lindy) y Héctor Manuel Jr., (Manolito). Nuestro matrimonio fue bastante bueno, mientras duró y nuestros hijos fueron a las mejores escuelas. A Melisa le ofrecieron una beca para la Escuela de Performance Art. Mis hijas fueron excelentes estudiantes. Lucy Inez es diseñadora de telas en una famosa compañía en New York City; Melisa se graduó de bachillerato y luego hizo dos maestrías; y Melinda es enfermera graduada y está haciendo la maestría. Mi único hijo varón no quiso estudiar y terminó la escuela superior a empujones. Héctor jugaba béisbol y yo fui su primer entrenador. Recuerdo con orgullo cuando dio su primer ron home, en Far Rockway. A los catorce años de edad estuvo en una liga de Coney Island y fueron a competir a Texas y a Puerto Rico y ganaron. También jugaba baloncesto y era muy bueno. Héctor era uno de los cinco que comenzaban el juego. Tres de sus compañeros consiguieron becas para jugar baloncesto, si Héctor no lo consiguió, a pesar de su talento, fue debido a las circunstancias. Primero tenía un genio muy agresivo y si alguien no se salía del medio él lo sacaba. A los 16 años de edad llegó una mujer a su vida, Angélica (Angie) y quedó embarazada de su primera hija; han procreado cinco hijos, los últimos tres los tuvieron uno detrás del otro.

En el año 1990 al retirarme de trenes comencé a trabajar en mi propio negocio como bróker de seguros y me iba muy bien. Lo primero devastador que pasó y que cambio mi mundo fue la enfermedad de mi madre. La llevamos a New York con la esperanza de derrotar su enfermedad. En esas mismas fechas, de repente la economía dio un bajón y había hecho unos préstamos para invertir en la compra de unos lotes de terrenos en East Brooklyn, New York y me embargaron la casa. Había perdido a la mujer más importante de mi vida; mi madre. Para que todo fuera mucho más complicado, a mi regreso mi socio y compadre, no sé qué fue lo que hizo en el negocio, que perdí mis licencias. Desde ese momento las quejas de Edna y las discusiones eran continuas. Ella me culpaba por mis problemas y todo cambió. De allí para adelante empezaron los problemas en mi matrimonio y como ya mis hijos habían formado su propia familia, decidimos mudarnos a Tampa, Florida a ver si un cambio nos ayudaba a arreglar nuestras diferencias. Esos años fueron entre los más duros de mi vida. En Tampa compramos una casa y a los ocho años de estar en esa ciudad me fui a pasar una Navidad a Puerto Rico y cuando regresé, me separé de ella después de treinta y seis años de casados,. Con la venta de nuestra casa, Edna se compró un condominio en Lake Magdalena, Tampa y no me opuse. Además le doy la mitad de mi pensión y ella sigue trabajando. En eso terminó nuestro matrimonio… y le deseo de todo corazón que Dios la bendiga y desde estas páginas le doy las gracias, porque juntos pasamos los años más bellos de nuestra existencia. En un principio el proceso de la separación se me hizo muy doloroso, pero como todo en la vida, poco a poco lo fui superando. Y no sólo lo superé, sino que apareció otra mujer en mi vida. Les contaré a continuación, mi nueva bendición.

Jenny García

A Jenny la había conocido en casa de mi hermana Yeyi, en la fiesta de compromiso de uno de mis sobrinos. Ella estaba casada con un empresario, con negocios en Tampa. En una ocasión fuimos mis hermanos y yo a llevarles una parranda navideña a su casa. Nos trataron muy bien y ambos casados compartimos en varias fiestas familiares. Mientras mi matrimonio colapsaba, ella quedó viuda y se refugió en los brazos de mis hermanas, buscando consuelo por su pérdida; yo hacía lo mismo, buscando consuelo a mi derrota como esposo. Yeyi, que trabajaba con ellos en su negocio, fue quien la trajo a nuestras vidas y todos la aceptamos porque era una mujer con una ternura y un carisma muy especial. Mi hermana la acompañó a enterrar a su esposo a New York y a su regreso le pidió a mí otra hermana, Yiya que si podía hacerle los Rosarios de difunto a Luis. A pesar de que Yiya no era ya católica, sí era más amiga de Luís García que de Jenny y aceptó de muy buen agrado. Yo acompañé a mis hermanas al velorio y Rosario, junto con nuestro primo Grego y de ahí comenzó a surgir entre nosotros una profunda amistad. Ella necesitaba consuelo por la pérdida de su esposo y yo estaba devastado con la pérdida de Edna. Nos reuníamos en la casa de Yiya, de Yeyi y de Helen. Ella es una mujer alegre que le gusta el baile, la música y la poesía y de cierta manera tenía características de mi madre. (Como diría Yiya, padezco del síndrome de Edipo Rey).

Poco a poco fuimos enamorándonos, pero no fue un amor pasional ni arrebatador, sino un amor de dos adultos, que ya estaban 'amanecidos del amor'. A pesar de que su esposo fue un buen compañero, en mí ella encontró otro tipo de hombre. Tenemos muchas cosas en común y las disfrutamos, juntos. Nos gusta cantar y componer canciones, cocinar, y todos los cosas que no hacíamos con nuestros antiguas parejas. Bailamos, salimos a visitar, jugamos dóminos y a ella le gusta la música tanto como a mí y toca los bongos. Todo parecía ir de maravillas, pero... yo comencé a sentirme culpable, como si estuviera cometiendo adulterio porque soy católico y todavía estoy casado con Edna, a pesar de estar separados. Mi esposa comenzó a culpar a mis hermanas de nuestra separación y se alejó por completo de mi familia. Mi hijo con su genio iracundo no está de acuerdo con esta relación. Mis hijos se niegan a ver qué ni Jenny ni mis hermanas tuvieron nada que ver con la separación de su madre y yo. Traté de alejarme de Jenny y ella lo aceptó y me dijo que si todavía quería a mi esposa regresara con ella y que ella siempre sería mi amiga. Esa separación no resultó porque lo de Edna y mío no tiene arreglo. Otro punto para empañar esta relación es que Edna, sigue siendo mi esposa y cada vez que necesita resolver algún problema me llama y yo no puedo dejar de acudir. Está enferma y fue mi compañera por más de 43 años y mi hombría y dignidad, de hombre bien nacido, me impide no ayudarla. Y Jenny lo entiende pero sé que le duele y yo también entiendo que le duela y por eso…«*me encuentro entre la espada y la pared*». Por el momento estamos viviendo juntos en un apartamento que rentamos. Yo estoy peleando con una enfermedad, que me descubrieron de pronto y sé que la venceré. Estamos viviendo, un día a la vez. Después que se llega a los sesentas, es la mejor manera de vivir la vida y estoy muy agradecido de haber llegado allí. Muchos de mis amigos y parientes no lo han logrado. ¡Estaremos juntos hasta que Dios, el destino y nosotros lo decidamos!

Mis nietos

Mis hijos me llenaron de nietos y de mis hermanos soy el más que tengo. Mi primera hija Lucy Inez me hizo abuelo por primera vez de dos excelentes nietos: Alex y Lorenzo. Mi hija se divorció y no quiso volverse a casa, para criar a sus hijos sin padrastro. Yo creía que Alex por ser el mayor me haría bisabuelo, pero me he equivocado. Siempre ha sido callado y reservado, muy parecido a su mamá. Al terminar la escuela superior se fue a las Fuerzas Aéreas a hacer su servicio militar, ya terminó sus años de servicios y está trabajando. Lorenzo, por el contrario, y siendo el menor es mucho más agresivo que él. Le gusta estudiar y comunicarse con los demás. Creo que llegará a ser un buen administrador, de negocios y de su vida. Mi hija ha tenido las bendiciones de criar unos hijos muy buenos y que no le han dado problemas de ninguna clase.

Cynthia es la hija mayor de Héctor Júnior y mi nieta primera. Me siento muy orgulloso de ella. Ya terminó la escuela superior y comenzó los estudios universitarios. Su carácter es introvertido, dando la impresión de ser tímida. Le sigue en edad cronológica, Briana, que es la hija primera de Melissa. Mi nieta se crió viviendo sus primeros años de vida conmigo. Esta es muy amiguera y le fascina conversar; a veces pienso que es la que más se parece a mí en su carácter. Actualmente vive en New York. Héctor Manuel III el segundo hijo de Manolito y es el nieto más gentil conmigo. Como su abuelo y su padre siente gran pasión por los deportes, en especial el baisbal y es buen pelotero. Se pasa mucho tiempo conmigo, que lo llevo y lo traigo a las prácticas y los juegos. Él siempre se muestra agradecido cuando hago algo por él y me da las gracias. Siente gran orgullo y respeto por mí y me lo deja saber. Fue de vacaciones a Puerto Rico conmigo, porque yo quería que conociera el lugar donde yo había nacido. Fue una experiencia maravillosa y productiva para los dos.

Kaitlin Cesy y Ellie Inés son las hijas que ha tenido mi hija menor Lindy y las que más lejos de mi lado han vivido.Kaitlin es la más agresiva, cariñosa y amigable, de mis cinco nietas. Cuando estoy a su lado una de sus preguntas frecuentes es: "Grandpa, are you sure? Después se convierte en toda sonrisa y yo me siento tan bien y tan agradecido estando a su lado y doy gracia a Dios por tener nietas tan especiales. Nikolas es el tercero hijo de Manolito y tiene una personalidad que me gusta mucho; es aventurero y ligero para cualquier tipo de deportes o juegos. Se perfila como un joven de retos. Desafortunadamente de niño tuvo un accidente casero que lo ha dejado afectado de un ojo, pero él no permite que eso lo limite. Noha es el varón de Melissa y este se destaca por su inteligencia, es muy listo y llegará lejos por no se cansa de hacer preguntas y de querer saberlo todo. A mí me gusta esa actitud en él, porque es una característica de que le gustan los retos y eso significa que seguirá queriendo descubrir y vivir muchas aventuras. Justine es el penúltimo hijo de Manolito y es una réplica, casi exacta de su hermano Nikolas. Al igual que sus hermanos comenzó a jugar en ligas de pelota y es bravo y tan bueno bo más que el padre. Su única limitación es que les tiene terror a todos los animales, en especial a los perros. Jayline es la más joven de mis nietos y tiene el genio volado y persigue a sus dos hermanos menores para imitarlos. Cuando ve que Niko y Justin agarran el bate y la bola, allá va ella y hace lo mismo. Yo digo que es 'marimacha', como le decíamos a mi hermana Yiya. Decía mi madre que… *«Genio y figura hasta la sepultura »* y yo añado que… *«Lo que se hereda no se hurta»*

Vacaciones en Puerto Rico

He pasado unas vacaciones hermosas con mis nietos en Puerto Rico. Primero fui con Cynthia y Héctor III, que los llevé a conocer a tres de sus tíos y una tía, que nunca habían visto. Visitamos varios lugares. Yo quería que conocieran el lugar donde yo había nacido y crecido, los llevé a la quebrada donde me bañaba con mis hermanos. Les enseñé donde corté caña de azúcar, aunque ya allí no había cañaverales, ni estaba el cafetal donde cogía café. Le enseñé las distancias que teníamos que recorrer mis hermanos y yo para ir a la escuela, caminando a pie. Los llevé al pozo de donde buscábamos el agua que se usaba en la casa. Mis nietos compartieron con primos que nunca habían visto y lo pasamos chévere. Los llevé a la cascada, cerca de la casa de César, a la Hacienda El Jibarito, en San Sebastián, al Parque Colón, a la Playa Crash Boat. También fuimos de picnic a una playa en Aguada con mi hermana Teresa y su esposo Jorge-Opy. Y prepararon un fricasé y Héctor comió hasta llenarse. El segundo viaje a Puerto Rico fue con Melissa y mis dos nietos Briana y Noel. Disfrutaban de la piscina de mi hermano Gui. Y los llevé a recorrer todos los lugares que eran importantes para mí. Fue una experiencia muy bonita para todos ellos y yo me sentí dichoso. Todavía me falta de llevar a mis 3 nietos pequeños: Nicholas, Justin y Jaylin.

Instruyendo a mis nietos

Comencé a llevar a Héctor Manuel III a los parques para practicar juego de beisbol y descubrí que era bueno en todos los deportes. Así que me di a la tarea de ayudarlo y lo mismo hice cuando Nikolas y Justin podían agarrar un bate y una bola. Demostraron tener madera para y entusiasmo para el beisbol.

Mis esfuerzas dieron su fruto cuando formé un grupito de los niños nietos de mis hermanas y los míos. .En Tampa dirijí a mi nieto Hector 3rd, de 17 años que jugaba en High School. Nikolas de 9 anos y su hermano Justin de 8 añs tambien juegan pelota. En el año 2011 ganamos el campeonato en la división Shetland de 5-7 anos. Fue una temporada muy especial. Sucede que en la temporada de invierno dirijí mi equipo pero en la temporada de primavera no me dejaron dirijir. Todos los coaches eran blancos.

Vino un equipo nuevo de Afro-Americanos, dirijido por Travis Montgomery. Nadie de los dirijentes blancos me había dado una oportunidad de ayudar.Travis era nuevo como dirijente y el me pidió ayuda. Esto sucedió en la Liga de North Tampa en las avenidas Sligh y Rome.Yo me uní a Travis y quedamos campeones en la divicion B.

Parece que yo no le caía bien al dirigente de la división A en Wayne. Fuimos a competir contra él. En el primer juego nos estaban ganando 6 a 2 en la cuarta entrada. Faltaban dos entradas en el primer juego pero Dios es tan justo que mandó un aguacero con rayos y sentellas y el juego se pospuso para el otro dia.

Llega el domingo en la continuacion del primer juego. Fue como si Dios estuviera con nosotros y lo estaba. Le ganamos el primer juego y los desmoralizamos. Se le veia en las caras que no lo podian creer. Tambien le ganamos el segundo juego y la serie era de 3-2 y fuimos los campeones.

Fue una experiencia inolvidable y por eso fue que quise relatarlo. Lei en un libro que uno tiene que decirle a un nino las cosas 28 veces para que él te escuche, Pero si no te escucha no aprende. El nino te dice sí, pero no te escucha. La repeticion con los ninos es esencial y para los adultos tambien.

En mi trayectoria como dirigente he tropezado con 3 ninos que te escuchan: mi nieto Nikolas es uno de ellos. Todos mis nietos son importantes para mi y los quiero igual.

Si estoy sembrando una mata o poniedo un clavo en la pared ellos me observan.

En la temporada de primavera e invierno del año 2011 fui dirigente de la Liga Tampa Norte. Luego me señalaron que no podía dirigir la próxima temporada porque había un señor anglosajón que tenía más señoría que yo. Ninguno de los dirigentes blancos me dio la oportunidad de ser por lo menos ayudante. Un dirigente nuevo afroamericano trajo un equipo completo y me pidió ayuda. Yo tenía conmigo a mis nietos Nikolas y a Justine. Un amigo mío, Raúl tenía un nene que el equipo quería. Este equipo afroamericano nunca había jugado beisbol organizado. Le sugerí al dirigente del equipo varias técnicas y le dije que tendríamos mucho trabajo por delante si queríamos salir victoriosos. Así lo hicimos y comenzamos las practicar cinco días a la semana. Los chamacos dieron lo mejor de ellos y ganamos los primeros diez juegos de corrido. La temporada era de veinte juegos.

Comencé a notar que mi persona no le caía bien al dirigente blanco, tampoco él era de mi 'devoción' porque notaba que actuaba con mala fe. Mi opinión, muy personal, cuando trabajo en un equipo, especialmente con niños, es para educarlos, no para gritarles, humillarlos o regañarlos a cada instante; muy por el contrario, debemos aprovechar ese tiempo para enseñarles disciplina, responsabilidad y compañerismo. En una ocasión leí en un libro que a un niño se le debe decir y repetir las cosas 28 veces y que tal vez hasta 29, para que te escuche. Los niños son distraídos; te oyen, pero no te escuchan. Tal vez te encuentre que a las 29 veces te diga: −"¿Por qué no me lo habías dicho antes?" −

160

"¡Pero si te lo he dicho y repetido muchas veces!" A los niños y también a muchos adultos hay que repetirle las cosas, y armarse de paciencia hasta que captan el mensaje. También encontramos a niños que tienden a captar y aprender las cosas más rápido de otros. Nikolas es uno de esos niños, que comenzó con solo cinco años de edad, cuando yo le explico las cosas dos o tres veces, lo entiende y sigue mis instrucciones. Yo tengo treinta y ocho años de experiencias dirigiendo equipos y eso me ha dado la capacidad para saber lo que hago y hacerlo de la mejor manera posible. Comencé con el equipo Latin Star, en el año 1974. En todos esos años no había visto un niño con las habilidades de Nikolas; escucha, entiende, sigue instrucciones, se mueve con mucha habilidad y busca la bola.

Otros niños de su edad y mayores que él no se mueven. Nikolas es el pelotero más valioso de nuestro equipo y tal vez de la liga. Corre como una guineas, batea con poder y fuerza y en el fildeo es un 'águila´. Cuando a él le toca batear, los dirigentes contrarios le gritan a sus jugadorcs: −"¡Muévanse, que es Niko!" Justin también es buen jugador, pero sólo tiene cuatro . años y no tiene la misma madurez de su hermano. Le gusta batear por tercera, así tiene más tiempo para llegar a la primera base. Mi técnica como dirigente o asistente, especialmente con niños es enseñarle algunas posiciones claves; y sobre todo que estén tranquilos y relajados, con mente despejada, pendiente al juego. Bateando para la tercera les da más oportunidad al bateador porque sabe que la bola está en la parte más lejos, de la primera base en el cuadro. Estás técnicas dan resultados, especialmente con los niños de 4-

161

10 años de edad. Todavía no han desarrollado el arte de tirar derecho y no cachan la bola muy bien. Con estas y otras técnicas y maniobras ganamos el campeonato de la liga, cuando todos creían que no íbamos a ganar el Campeonato. Lo hicimos ganando dos juegos de tres. ¡Qué Dios lo siga bendiciendo y guiando por el camino de la iluminación y pueda ser un ejemplo para Justino y otros niños! Dicen que «*Dios escribe derecho con renglones torcidos*» y yo lo creo firmemente. Resulta que comenzamos los tres juegos del Campeonato, un sábado. El equipo contrario nos estaba dando una pela, en la cuarta entrada. Así que yo pienso que Dios dijo: –"¡Hay que hacer algo para parar esto." Mandó un torrencial aguacero, con vientos, rayos y centellas y se hizo imposible continuar jugando; el juego quedó suspendido por lluvia.

Al otro día domingo, comenzamos el juego desde la cuarta entrada, donde lo habíamos dejado. Nuestro equipo ganó el primer juego por una carrera más que equipo contrario. Los juegos son de seis entradas…. Comenzamos el segundo juego y lo ganamos también; como de tres juegos ganamos dos, ganamos el campeonato. Yo estaba muy orgulloso de nuestros peloteros, porque a pesar de que el dirigente contrario actuaba de mala fe, lo negativo nunca puede ganarle a lo bueno… ¡Me gustaría tanto que un día mis cuatro hijos y cada uno de mis nietos leyera estas memorias mías y me recuerden con cariño y amor! ¡Ellos son mi orgullo y mi alegría

.

Capítulo ocho

Mis composiciones

Semillas de bendiciones

Dice el Señor, nuestro Dios, que cuando tú das se abren las ventanas del cielo con bendiciones para ti. A veces me pregunto: "¿por qué si sabemos que Dios lo dice, somos tan tacaños y nos negamos a compartir? ¿Será por eso qué no prosperamos todo lo que quisiéramos ni logramos alcanzar nuestros sueños? Si tú das de tu abundancia o de tu escasez, según Dios, debes esperar la recompensa, porque eso dice su Palabra sagrada. El que siembra la semilla de dar, recibe como recompensa el fruto de las bendiciones. Y al dar no me refiero sólo a cosas materiales; dar una sonrisa, un consejo, un abrazo, una palmada en la espalda, un saludo, una llamada de amistad, todo eso es compartir, dar, servir. Yo creo que si das sin esperar nada de vuelta, nada recibirás. Otras personas dicen y creen que se debe dar sin esperar recompensas. Pero sea como fuera que des, Dios te dará lo que mereces, tarde o temprano, basado en lo que siembras. El Señor quiere que tengas éxito en todos los retos que emprendas en la vida, pero Él no te lo va a poner en las manos, tienes que ganártelo con tu esfuerzo, porque si no, no tendría valor.

Desde muy niño yo comencé a definir mis sueños y metas que quería alcanzar en la vida y mi madre incentivaba esos sueños y metas; y las he ido alcanzando una por una. Mi primer sueño era educarme y aunque mi padre me sacó de la escuela, después del noveno grado de escuela secundaria, para que le ayudara en la tarea de criar a mis catorce hermanos. Emigré a Estados Unidos y después de buscarme un trabajo comencé a estudiar de noche y logré terminar mi escuela superior o HS. Seguí trabajando hasta encontrar un trabajo de mi gusto y donde pudiera progresar; lo encontré en New York City Transit. Entonces me fui a la universidad y terminé un grado asociado. Hay muchas personas que comienzan y no terminan. Mi próxim sueño fue de formar mi propia familia y tener hijos. Me casé dos veces y tuve cuatro hijos. Las dos del medio se educaron haciendo una carrera universitaria, de Bachillerato y Maestría. La mayor terminó Escuela Superior (High School) y comenzó un trabajo como diseñadora y trabaja en la misma compañía, por más de veinte años; el menor y único varón terminó H.S y después de tener sus cinco hijos comenzó a estudia para técnico de laboratorio.

Soñé con tener una casa y llegué a tener tres. Quería ser pelotero y luego dirigir equipos de beisbol y lo logré jugando en varios equipo y dirigiéndolos desde el año 1994, hasta el presente, como dije antes. Deseaba con todo mí ser poder aprender a predicarles a otras personas, especialmente a los privados de su libertad, y tuve que oportunidad de pertenecer a Ministerio de Prisión y allí iba paulatinamente a hacerles compañía y llevarles una palabra de alentó. ¡Se siente también cuando hacemos acciones que le alegran la vida a otro! Y eso no me costaba nada, al contrario me llenaba de energías positivas y me hacía darme cuenta de lo afortunado que soy y las muchas bendiciones que he recibido. Deseé aprender a tocar la guitarra y después de tener más de cincuenta años de edad, al retirarme tuve la oportunidad de aprender a tocarla. No soy un 'Pancho' pero por lo menos puedo acompañarme a cantar mis canciones favoritas. Todavía sigo aprendiendo porque fue ayer mismo cuando comencé a 'rasparla' y sacarle sonidos sonoros.

Soñé con tener un buen automóvil y me compre un carro a mi gusto; un Mercedes Ben. Tener mi propio negocio fue otro sueño que realicé en el negocio de Amway, llegando a ser Distribuidor Platino. Soñé con conocer a Dios y al Maestro Jesús y lo logré hace varios años, en la Iglcsia Católica y desde entonces he participado en varios Retiros de Cristiandad, pertenezco al grupo Caballeros de Colón, he participado como Coordinador del Grupo Carismático de Oración y el Coro de Alabanzas. Quería escribir canciones y mi madre me fue enseñando y aunque no sea el mejor, puedo poner mis sentimientos y emociones en una forma poética. De eso se trata este capítulo. Todas las cosas que he logrado ha sido fruto de mi esfuerzo, Dios no me lo ofreció en bandejas de plata. Eso sí estuvo muy cerca de mí y me mandó a tantas gentes extraordinarias, que me guiaron en el camino; pero quién caminó fui yo. Pienso que todavía me faltan muchas cosas por aprender, otras que mejorar, pero aquí estoy viviendo un día a la vez, pero lo vivo a plenitud. Para mí, desde muy niño, las poesías y las canciones era algo tan natural en mi casa, como comer, dormir, estudiar, trabajar. En menos palabras era una parte fundamental y muy importante en nuestras vidas. Cuando pudimos comprar la primera guitarra lo hicimos con entusiasmo. Enseguida aprendimos a sacarle algún sonido, algunos lo hacían mejor que otros; lo mismo con la voz. Se nos metió en el corazón la música y la poesía y allí se alojó para nunca abandonarnos. Mis mayores canciones fueron para la musa primera de mi vida, la autora de mis días y para mis demás amores, incluyendo mujeres y hombres; sin olvidar mi tierra, con los aguinaldos y su folklor. Todas escritas con el sentimiento de mi corazón…

Ángel

Sólo para usted
es mi inspiración
que Dios le bendiga
esa es mi oración.

Ángeles usted tienen
a su alrededor
siempre le acompañan
pues son del Señor.

Usted vino a Tampa
con una misión
sus ángeles están
a su disposición.

Alguien me contó
que viene de NY
bendígame usted
en nombre de Dios.

Por Jenny le pido
le eche su bendición
por algo que la tiene
en la tribulación.

Ese alguien no soy yo
pues soy un varón
y soy buen amigo
y soy del Señor.
HMB 8/2010

Año nuevo

Se fue el año viejo
y dejó los papeles
y le dijo al nuevo
gobierna si puedes.
(coro)
Mil felicidades
les deseo a ustedes,
se fue el año viejo,
dejó los papeles
y le dijo al nuevo
gobierna si puedes.
(coro)
Yo no quiero ron
ni quiero pasteles,
se fue el año viejo
dejó los papeles
y le dijo al nuevo
gobierna si puedes.

Borinquén bella

Mi tierra es Borinquén bella
y te traigo en mi canción
para que tú la disfrute
puse yo mi inspiración.

Con su playas y praderas
desde San Juan a Rincón
y desde pueblo de Moca
con mucha dedicación.

Del Caribe es la más bella
le llaman The Shining Star
y para que tú te alegres
te traemos este cantar.

Somos jíbaros alegres
cantamos de corazón
con el cuatro y la guitarra
cantamos cualquier canción
HMB 2008

Briana

Eres la segunda
de mis cuatro nietas:
seis son varones
y cuatro son hembras.

En tu cumpleaños
te ves tan bonita
de mis cuatro nietas
eres mi negrita.

¡Cómo pasa el tiempo!
Es como la briza,
tú eres la mayor
de mi hija Melissa.

Cumple dieciséis
dieciséis primavera
yo tengo la dicha
que mis ojos te vieran.

Que Dios te bendiga
en tu cumpleaños
todos los presentes
te felicitamos.
HMB 8-2011

Canta morena
(Merengue)

Canta mi linda morena,
porque cantando se olvidan las pena.
Canta mi linda morena,
porque cantando se olvidan las pena.
Desde que te vi, mi linda morena,
te llevo en la sangre como una condena
(y dice así)
Canta mi linda morena,
porque cantando se olvidan las pena.
Yo te llevo en mí, mi linda morena
y sé que me quieres porque eres muy buena.
(y dice así)
Canta mi linda morena,
porque cantando se olvidan las pena.
Canta mi linda morena,
porquc cantando se olvidan las pena.
Canto para ti, mi linda morena
con una mirada te digo un poema.
(y dice así)
Canta mi linda morena,
porque cantando se olvidan las pena.
Canta mi linda morena,
porque cantando se olvidan las pena.

Controversia

Manolo:
"Escúchame bien, mi hermano,
lo que te voy a contar
que conmigo tú no versas,
si tú no sabes cantar."
Aníbal
"No me digas eso brother,
porque tú eres el mayor,
pues en Detroit, mi hermano
tuve El Conjunto Sabor."
Manolo
"De sabor no tenían nada,
eran puras changuerías
si quieres cantar conmigo
te falta mucho todavía."
Anibal
"Brother, no me digas eso,
mira que me siento mal,
aunque seas el más viejo
nunca aprendiste a cantar."
Tampa, FL 2008

172

Creía que me querías

Yo creía que me querías
pero en ti me equivoqué
pues amores como el tuyo
donde quiera encontraré.

No se porque tú me finges
si mi cariño te di
y tú me sigues mintiendo
y no quieres saber de mi.

Es mejor que terminemos
cada cual por su comino
y que no te pase a ti
lo que me pasó contigo.
se repite
Repique la guitarra

Cuando dejé el callejón

Cuando deje el callejón
y me marché a la cuidad
siento una inmensa nostalgia
que jamás podré olvidar.

Recuerdo en la primavera
cuando empezaba a llover
con los charquitos de agua
yo me mojaba los pies.

Callejón que en tus orillas
con todas tus sabandijas
las avispas, los lagartos
los hormigueros de hormigas.

Cuando alumbraba la luna
aquellas noches oscuras
cómo me voy a olvidar;
su luz era una dulzura.

Cuando en los días de escuela
siempre miraba hacia atrás
mi callejón me sentía
como si lo fuera a dejar.

Cuando llegaba en la tarde
allí estaba el callejón
con sus dulces cundiamores
me endulzaba mi pasión..........2008...

174

Cyntia

Primera Nieta
Eres la primera
nieta de mi pueblo
y en tu cumpleaños
a Dios yo le ruego.

Cumple diez y seis
y es solo el comienzo.
Que Dios te bendiga
te desea tu abuelo.

Son 16 primaveras
y te quiero felicitar.
Mi mamá hablo con Dios
y no es por casualidad.

Cumple dicciséis
y es solo el comienzo,
que Dios te bendiga
te desea tu abuelo.

Dices que me quieres

Dices que me quieres de cierta manera,
dices que me quieres de cierta manera,
Yo soy como soy, no como tú quieras.
Yo soy como soy, no como tú quieras.
Coro
Viviré a tu lado una vida entera,
viviré a tu lado una vida entera,
porque dices que me quieres de cierta manera,
Yo soy como soy, no como tú quieras.
Coro
Que yo soy tu negro y tú eres mi negra
y dices que me quieres de cierta manera,
Yo soy como soy, no como tú quieras.
Coro
Yo ya me despido, aunque no quisiera
dices que me quieres de cierta manera,
pero yo soy como soy, no como tú quieras.
HMB

Donde yo nací

Donde canta el gallo y canta el coquí
ese es mi pueblo donde yo nací.
(coro)
Jamás yo pensé que estuviera
aquí donde canta el gallo y canta el coquí.
Ese es mi pueblo donde yo nací.
(coro)
Las flores más bellas traigo para ti,
donde canta el gallo y canta el coquí,
Moca es mi pueblo donde yo nací.
(coro)
Nunca yo sabré donde he de morir
pero si te digo que en Moca nací.
12-2008

El baile

Te lo dije varias veces,
no quisiste escuchar
te dije lo que yo hacía
cuando solo iba a bailar.

Pues basado en mi experiencia,
dos cosas quería lograr;
no gastar mucho dinero
y una mujer encontrar.

Si me encontraba con alguien
que me pudiera agradar
le pagaba un par de tragos
y la sacaba a bailar.

Si ella no se oponía
y conmigo quería estar
nos íbamos a un motel
hasta oír el gallo cantar.
Febrero, 2010

Ella… Mi Madre

Ella se fue y me dejó
cariño por todos lados
y por eso digo yo
que no viviré agobiado.

Sus mejores momentos
con ella yo los pasé
y un beso le di en la frente
el día que ella se fue.

Ella me estaba esperando
para que me despidiera
para que no me contaran
para que yo lo supiera.

Le pedí al Todopoderoso
que no le permitiera sufrir
que yo estaría con ella
si ella quería partir.

Le di lo que pude en vida
y en los últimos momentos
jamás podré apartarte
madre de mi pensamiento.
Fuiste mi guía, mi ilusión
y siempre fuiste mi aliento
y aunque estés con el Señor
cuando solo estoy, en ti pienso.
NY, 1991

179

En la noche buena

Coro
En la noche buena (2)
un niño nació
José fue su padre
Jesús le llamó. (2)

Coro
Cerca de Belén
allí se crió
en la Noche Buena
un niño nació
José fue su padre
Jesús le llamó.

Coro
Juan era su primo
fue quien lo anunció
en la Noche Buena
un niño nació
José fue su padre
Jesús le llamó.

Coro
Fue con su palabra
que ÉL nos ensenó
en la Noche Buena
un niño nació
José fue su padre
Jesús le llamó.

Coro
El agua en la fiesta
en vino cambió
en la Noche Buena
un niño nació
José fue su padre
Jesús le llamó.

Coro
Con el mismo coro
me despido yo
en la Noche Buena…

En mi patria

¡Esta Navidad
siento una alegría
porque estoy presente
en la tierra mía!
(coro)
Lo siento en verdad
no es una manía,
porque estoy presente
en la tierra mía.
coro)
Hacía mucho tiempo
que esto no sentía
porque estaba ausente
de la patria mía.
coro)
Si mi madre viera
toda mi alegría
el coro yo sé
que ella cantaría.
coro)

Yo ya me despido
aunque no quería
esta Navidad
siento una alegría
porque estoy presente
en la tierra mía.

Eres

Eres como la luna en noche oscura,
tus labios, como flor nacida en la rivera.
Están tus ojos tan llenos de ternura,
con tu cariño yo iré donde tú quieras.

Tu sonrisa no la he encontrado en nadie
y unos labios tan llenos de dulzura.
Son tus caricias incomparables,
eres como una noche llena de luna.

Son tus caricias incomparables,
eres como una noche llena de luna.
HMB 1994

Esta Navidad

Esta Navidad yo quiero gozar,
esta Navidad yo quiero gozar
y con mi amistades voy a parrandear,
y con mi amistades voy a parrandear.

Yo no quiero ron, no voy a tomar,
yo no quiero ron, no voy a tomar,
pues lo que yo quiero es tu vida alegrar,
pues lo que yo quiero es tu vida alegrar.

Si te sientes triste y quieres cantar,
si te sientes triste y quieres cantar
únete a mi coro y vamos a versar,
únete a mi coro y vamos a versar.

Aunque yo no quiero, voy a terminar,
aunque yo no quiero, voy a terminar,
esta Navidad yo quiero gozar
y con mis amistades voy a parrandear.
2008

Este es el grupo

Este es el grupo
que yo les decía
donde nos recibe
la Virgen María.

Jesús es su hijo
llamado el Mesías
y dijo el profeta
que la luz Él traería.

Él fue mencionado
por el profeta Elías
Herodes preguntó
dónde el nacería.

La Estrella fue signo,
Los reyes seguían
allá en un portal
el niño hallaría.

Con el mismo coro
yo terminaría
este es el grupo, que yo les decía
donde se recibe, la Virgen María.
Hmb, 2011

Los Doctores Rosa

Que bueno es llegar a casa de honores,
que bueno es llegar a casas de honores
 donde se nos dan buenas atenciones,
 donde se nos dan buenas atenciones.

Y como es costumbre y nuestras tradiciones
y como es costumbre y nuestras tradiciones
 que bueno es llegar a casas de honores
 donde se nos dan buenas atenciones.

 De Moca a Pepino salen ruiseñores
 de Moca a Pepino salen ruiseñores
 llegan a Cayey cantando canciones
 llegan a Cayey cantando canciones.

 Aníbal y Héctor que son trovadores
 Aníbal y Héctor que son trovadores
 para tu mamá, Macbeth, le traemos flores,
 para tu mamá, Macbeth, le traemos flores.

 Con el mismo verso termino, señores
 con el mismo verso termino, señores
 que bueno es llegar a casas de honores
 donde se nos dan buenas atenciones.

Gaviota o gallina

Me creía que eras gaviota
pero en ti me equivoqué
cogiste miedo al problema
y él dijo aquí me quedé.

Tú naciste sin valor
no me preguntes por qué
fuiste mangó bajito
que al palo no me trepé.

Pues personas como tú
que no quieren arriesgarse
viene cualquiera le dice
al palo no hay que treparse.

El que no coge consejos
a viejo no llegará
como el rabo del perro
al final te quedarás.

God is love

God is love
what are you?
If you love him
you love me too.

In this world
full of stuff
we must be faithful
for his love.

The distractions everyday
but if you trust him
everything will be fine,
with you faith.

For our life
He gave his own
now we praise him
with this song.
9-12-08

Gozo en Navidad

Esta Navidad, yo quiero gozar
esta Navidad, yo quiero gozar
y con mis amistades, voy a parrandear
y con mis amistades voy a parrandear.

Yo no quiero ron, no voy a tomar
yo no quiero ron, no voy a tomar
pues lo que yo quiero, es tu vida alegrar
pues lo que yo quiero es tu vida alegrar.

Si te sientes triste y quieres cantar
si te sientes triste y quieres cantar
únete a mi corro y vamos a versar
únete a mi corro y vamos a versar.

Aunque yo no quiero, voy a terminar
aunque yo no quiero, voy a terminar
esta Navidad yo quiero gozar
y con mis amistades voy a parrandear.

Grupo de Oración

Francis me decía
que cantara yo
y yo le contesto
cantemos los dos.

Es un caballero
y lo aprecio yo
muy agradecido
lo complazco yo.

Como es navidades
nuestra tradición
con un aguinaldo
cantemos los dos.

En la luz del mundo
Grupo de Oración
el Espíritu santo
me dio la inspiración.

Alzando las manos
y con una oración
que estas navidades
nos bendiga Dios.
2011

Hermano, cantemos

Aquí cantemos hermanos
para que el grupo se alegre
dos campesinos Mocanos
de Capa, Rocha y Mayagüez.

Manolo te felicito
pues tú fuiste el primero
pero como yo, no hay dos
soy bailarín salsero.

De salsero yo no sé
no te han dicho la verdad
cuando agarro mi pareja
un pasito para adelante
y un pasito para atrás.

I like Everyone

I like everyone,
but not everyone
is going to like me
that's the way it goes,
that the way it is.

I pray to the Lord,
he is the one with the power
I am only fifteen,
with challenges ahead
I am a little flower.

I need the sun shine
in order to bloom
I ask the Almighty
all the help that I can get
to protect me from the dumps.

Jesús Luz del mundo

Jesús Luz del Mundo
grupo de oración
a Usted le cantamos
con inspiración.

En nuestra parroquia
usted es el mayor
por eso nosotros
estamos en oración.

Como usted es bueno
pedimos perdón
y para usted abrimos
nuestro corazón.

Penetra en nosotros
sin ti adónde iremos
Divino Señor.

Con el mismo tono
me despido yo
Jesús Luz del Mundo
Grupo de oración
a usted le cantamos
con inspiración.

Jesús me escuchó

Jesús, no sabía que estabas en mí
cosas me decían muy buenas de ti.

Pero yo no escuchaba y al fin yo caí
yo no comprendía y sentenciado fui.

No sabía qué hacer y mucho sufrí
en noches oscuras yo quería morir.

Hasta que una tarde un mensajero oí
tú quieres ser libre y yo le dije sí
Cristo está conmigo, anda dile sí.
HMB 2009

Jesús y María

Este es el grupo
que yo les decía
donde nos recibe
la Virgen María.

Jesús es su hijo
llamado el Mesías
y dijo el profeta
que la luz Él traería.

Él fue mencionado
por el profeta Elías
Herodes preguntó
dónde el nacería.

La Estrella fue signo
Los reyes seguían
allá en un portal
el niño hallaría.

Con el mismo coro
yo terminaría
este es el grupo, que yo les decía
donde se recibe, la Virgen María.

La Guadalupana

Viva la Virgen María,
viva La Guadalupana
que viva la tradición,
Centro y suramericana.

La Misión Santa María
de tradición Guadalupana,
te cantamos hoy a ti
por tu devoción mexicana.

Del Caribe te traemos
flores, lirios y amapolas
y queremos recordarte
que tú nunca estarás sola.

De Quisqueya es La Altagracia
y de Cuba es La del Cobre,
de Borinquén La Providencia,
todas aman a los pobres.

El obispo está presente
en nuestra inauguración
viva La Guadalupana
y también nuestra nación.

La música Borincana

La música Borincana
yo la canto en mi canción
porque la traigo en la sangre
y dentro del corazón.
(coro)
Con sus playas y praderas
desde San Juan a Rincón,
desde el pueblito de Moca
te traemos esta canción.
(coro)
Yo conocí los bateyes
y al pozo fui a buscar agua
al monte fui a buscar leña
así fue que me crié.
2009

La Navidad

Navidad que de nuevo te acerca,
Navidad que muy pronto te irás
Navidad yo quiero que me traigas
aquellos recuerdos que no he de olvidar
Navidad yo quiero que me traigas
aquellos recuerdos que no he de olvidar.

Y si el tiempo que es muy pasajero
y con mi memoria no pueda recordar
quiero que mis nietos escuchen mi voz
y en una canción me puedan recordar
quiero que mis nietos escuchen mi voz
y en una canción me puedan recordar.
HMB.2008

La parranda

Parranda navideña
que feliz me siento
esta Navidad
estar con ustedes
un añito más.

Gracias al Señor
le damos mucha
siempre con nosotros
en la Navidad.

Llevando parranda
queremos cantar
versos de alegría
en la Navidad.

En el año nuevo
qué cosas traerá.
Bendiciones muchas
y otras cosas más.

Con el mismo verso
voy a terminar
que feliz me siento
esta Navidad
estar con ustedes
un añito más.
2012

La Providencia

Virgen Providencia
Virgen Providencia
Virgen Borincana,
gracias yo te doy.
a Jesús en cada mañana,
gracias yo le doy
a Jesús en cada mañana,
gracias yo le doy.

Virgen, para ti, Virgen para ti
traigo en mi garganta
una inspiración de amor
porque eres tú, Santa
una inspiración de amor
porque eres tú Santa.

Eres del Caribe,
eres del Caribe,
bonita doncella,
bonita doncella.

La del Cobre es de Cuba
¿Cuál es de Quisqueya?
La del Cobre es de Cuba
¿Cuál es de Quisqueya?

Tampa, FL-2008

La Prueba

El oro se pasa por el fuego
y tú no pasaste la prueba
gracias a Dios porque así sucedió
para yo no pasar noticias nuevas.

Desde que el mundo es mundo
esto sucederá y para mí no fue sorpresa
que bailes mucho y que te vaya bien
gracias te doy por ser honesta.

Si después de correr, quieres regresar
no lo aceptaré por razones de ética…
sigue tu rumbo, sigue corriendo
la corriente que baja arriba no regresa.

Lo que me sorprendió fue que a tu edad
no es paja de coco pues son sesenta
y cuando estás bailando miras de lado
y tal vez tú creas que eres la reina.

Bailas muy bien, eso lo acepto
y algunas veces te pones coqueta,
si te sientes bien síguelo haciendo
una página más fuiste en mi libreta.

Abril 2010

Levántate Madre
(Trulla)

Levántate Sita
si sabes quién canta
melodía para ti (2)
traigo en la garganta.

Cuando era pequeño
me dormía en tu falda
y hoy que soy adulto (2)
se alegra mi alma.

Aunque estuve ausente
siempre te llamaba
no pasaba un día
que en ti no pensara.

Como tú, mi Vieja,
tan buena y muy santa
melodía para ti traigo
aquí en la garganta.
HMB 1986

Los puertorriqueños
(Coros)

Los puertorriqueños,
en las navidades (2)
llevamos parrandas
a las amistades. (2)

En Borinquén fue
donde yo nací (2)
donde canta el gallo
y canta el caqui (2)

Yo quisiera ser
a voz del jilguero (2)
mirarme en tus ojos
y peinar tu pelo. (2)

Si en tu habitación
sientes algún ruido (2)
es mi corazón
que suena contigo. (2)

Dices que me quieres
de cierta manera (2)
yo soy como soy
no como tú quieras(2)

Mi papa probó
yo también probé (2)
azuquita negra
dámela otra vez. (2)

Lo que yo hacía

Te lo dije varias veces no quisiste escuchar
te dije lo que yo hacía cuando solo iba a bailar.

Pues basado en mi experiencia
dos cosas quería lograr
no gastar mucha plata y una mujer encontrar.

Si me encontraba con alguien
que me pudiera agradar
le pagaba un par de tragos
y la sacaba a cenar.

Si ella no se oponía
y conmigo quería estar
nos íbamos a un motel
hasta oír el gallo cantar.

Llegamos tú y yo

Aníbal llegó con su ritmo tropical
para que usted lo disfrute
si es que le gusta bailar.
(coro)
Gracias, Manolo te invitó
si es que tú quieres cantar
para que todos se alegren
con el ritmo musical.
(coro)
Como somos borincanos
y había música en mi hogar
la traemos en la sangre y no se puede evitar.
(coro)
De quince somos tú y yo
que sabemos alegrar
y aquel que no esté de acuerdo
a dónde lo puedes mandar.
2009

Madre

Desde que tú te fuiste
ya no es lo mismo
las panas, los guineos,
no saben igual.

El café de las tres
con su rico aroma,
como tú lo colabas
nadie lo ha de colar.

El arroz con gandules
que era mi predilecto
pero como ya tú no estás
ya nada es perfecto.

Desde que ella se fue
ya no es lo mismo;
la música romántica
que ella ponía,
aquellas tardes en el balcón
me llena a mí de melancolía
en lo profundo de mi corazón.

En las noches de luna,
muy cerca del palo de pana
oigo una dulce voz decirme:
"Recordar es volver a vivir,"
New York, 1992

Me dicen

Me dicen que me olvide de tu nombre;
dicen que tú no eres para mí.
Ellos no saben los que los dos sentimos;
imposible que me olvide de ti.

Nunca he sentido lo que siento a tu lado
y no es solo el sexo lo que me atrae de ti
son tantas cosas inexplicables
por eso es que vivo solo para ti.

dos veces yo he sido casado,
y nunca encontré lo que siento por ti
por eso yo estaré a tu lado
hasta que llegue el día que tenga que partir.

Memoria a Gregorio

Solo vino al mundo y solo partió,
como nada trajo nada se llevó.

Que vea al Maestro por él pido yo,
solo vino al mundo y solo partió.

Tendrá recompensas pues mucho sembró,
su semilla fue fruto del Señor.

Si estás en el cielo pido en oración,
si a alguien ofendió le pido perdón.

Con el mismo verso me despido yo,
Solo vino al mundo y solo partió
Como nada trajo nada se llevó.
2009

Mi culpa

Tan lejos de ti
me voy a morir
porque sin tu amor
no puedo existir.
(Coro)
Fue en una emergencia
que tuve que partir (2)
y por esa causa
yo te hice sufrir.
(Coro)
Te juro, en las noches,
no puedo dormir (2)
mil veces perdón
te quiero pedir.
(repique de guitarra)

Para mi amor
quiero tu cariño,
dámelo completo.
Dios me ha dicho a mí
que seré tu dueño.
(Coro)
No lo pienses más
que me desespero (2)
y yo seré tuyo;
nos vamos muy lejos.

(Coro)
(repica el cuatro)
Y tú serás mía
y yo seré tuyo, (2)
donde nadie sepa
que sí nos queremos.
(Coro)
Ya basta sufrir
si somos honestos (2)
para ti nací
Dios es Padre nuestro.
4 de mayo 2010

Mi error

El error que he cometido…
¿cómo lo voy a arreglar? (2)
¡Queriéndote, más y más,
queriéndote, más y más!

Ni lo pienses ni lo digas
que tú me vas a olvidar. (2)
El error que he cometido…
¿cómo lo voy a arreglar?

¡Queriéndote, más y más!
¡Queriéndote, más y más!
¡Queriéndote, más y más!
¡Queriéndote, más y más!

No me importa lo que digan,
la gente siempre va a hablar..
El error que he cometido…,
¿cómo lo voy a arreglar?

¡Queriéndote, más y más!
¡Queriéndote, más y más!
¡Queriéndote, más y más!
¡Queriéndote, más y más!

Si me pagaran la renta
o me pagaran el gas (2)
el error que he cometido,
¿cómo lo voy a arreglar?

Nada es para siempre

Nada dura para siempre
ni hay cuerpo que lo resista
ni doctor que lo recete
ni medicina en botica.

Pues son cosas del destino
nadie lo puede evitar
yo sigo con mis metas
tu sigue con tu bailar.

Estamos en los sesenta
nadie se puede engañar
yo te dije mi experiencia
cuando yo salía bailar.

Seguiremos como amigos
y que nos bendiga Dios
para bailar como quieres
no acepto la condición.
HBM 2010

No es mi culpa

No tengo la culpa de ser parrandero
será mi mamá o será mi abuelo.
Fue que yo nací en tan lindo suelo
Boricua total como el Anacobero.

Mi madre aseguró que fuera el primero
y ella me instruyó dándome consejos.
Cuando la perdí no encontré consuelo
y llegaste tú y fuiste mi anhelo.

Ella era la primera si no había trovero
y me enseñó a mí a hacer parrandero.
Con el mismo verso despedirme quiero,
no tengo la culpa de ser parrandero
será mi mamá o será mi abuelo.
2011

Padre mío

Dicen que padre es cualquiera,
pero yo no estoy de acuerdo
para mí, mi padre fue
más que un amigo, sincero.

Fue buen hijo, fue buen padre.
Y la Biblia nos habla de eso:
"Aquel que honra a sus padres
tendrá días venideros."

Para tú poder ser padre,
debes ser hijo primero
por eso es que en este día
darle este mensaje quiero.

La cabeza del hogar,
el padre debe serlo.
Hoy en el Día de los Padres
a mi Viejo, yo recuerdo.
New York, 1996

Para ti mi amor

Quiero tu cariño
dámelo completo
Dios me ha dicho a mí
Que seré tu dueño.
(coro)
No lo pienses más
que me desespero
y yo seré tuyo
nos vamos muy lejos.
(coro)
(Repica el cuatro)
Y tú serás mía
y yo seré tu negro(2)
donde nadie sepa
que así nos queremos.
(coro)
Ya basta de sufrir
si somos honestos
para ti nací
Dios es padre nuestro.

Parranda a Michelle

En casa de Michelle, vamos a cantar,
en casa de Michelle, vamos a cantar;
saludos le damos en la Navidad,
saludos le damos en la Navidad.

Únete a mi coro si quieres gozar,
únete a mi coro si quieres gozar,
somos tu familia y queremos saludar;
somos tu familia y queremos saludar.

Quisqueya y Borinquén en la Navidad;
Quisqueya y Borinquén en la Navidad;
al Niño le cantan versos de amistad,
al Niño le cantan versos de amistad.

Prepara tu cámara para retratar,
prepara tu cámara para retratar,
la familia Bourdón y unos cuantos más.
la familia Bourdón y unos cuantos más.

Pensaba

Pensaba llevarte
conmigo a la luna (2)
pero te perdiste
en la inmensa altura.

Yo me imaginaba:
¡como ella ninguna (2)
y me equivoqué
ya no cabe duda.

Le di mi cariño
con mucha ternura (2)
pero me fallaste
no fuiste muy pura.

El recuerdo es triste
la noche me abruma (2)
abro una cerveza
y observo la espuma.
HMB 12-8-10

Pensando en ti

Cuando pienso en ti
mi pecho se agita (2)
quisiera tenerte
de mí más cerquita.

Será porque eres
sencilla y bonita (2)
a veces no duermo
hasta la mañanita.

Eres para mí
como una suave brisa
y mi corazón será
que por ti palpita.

Can el mismo verso
tc digo hasta horita
cuando pienso en ti
mi pecho se qagita,
quisiera tenerte
de mi mas cerquita.
10-10-10

Pide en Navidad

Si esta navidad tú sientes rencor,
si esta navidad tú sientes rencor,
pídele a Jesús, el te da el perdón,
pídele a Jesús, el te da el perdón.
(coro)
Y si eres muy macho y te sientes varón,
y si eres muy macho y te sientes varón,
pídele a Jesús, el te da el perdón,
pídele a Jesús, el te da el perdón.
(coro)
No quiero cerveza ni tampoco ron,
no quiero cerveza ni tampoco ron,
pídele a Jesús, el te da el perdón,
pídele a Jesús, el te da el perdón.
(coro)
Levanta el pie si das un tropezón,
levanta el pie si das un tropezón,
pídele a Jesús, el te da el perdón,
pídele a Jesús, el te da el perdón.

Piedras en el camino

Dios lo quiere así,
cosas del destino,
que no sea para ti
piedra en tu camino.
Tanto que luché
para ganar tu cariño
pero no lucho más
mejor te echo al olvido.

No me preguntes nada,
estoy muy herido
olvídate de mí
si sólo estorbo he sido.

Que te bendiga Dios
es sólo lo que pido
que no te pase a ti
lo que pasó conmigo.

No sé si mañana
estaré arrepentido
yo le pido a Dios
que sea justo conmigo.

Poco a poco

Poquito a poquito
te voy olvidando (2)
así tú lo quieres
y lo estas logrando.

Ya tú no compartes
apenas hablamos (2)
siempre pone excusas
que te están velando.

Toda mi esperanza,
día a día menguando (2)
la culpa no es mía
no puedo evitarlo.

Siempre estás durmiendo,
si no trabajando (2)
todo para qué
si solos estamos.

Con el mismo verso
le voy terminando (2)
poquito a poquito
te voy olvidando
así tú lo quieres
y lo estás logrando.
HMB 10-15-10

Popurrí boricua

Los puertorriqueños en las navidades,
los puertorriqueños en las navidades,
llevamos parrandas a las amistades,
llevamos parrandas a las amistades.

En Borinquén fue donde yo nací,
en Borinquén fue donde yo nací,
donde canta el gallo y canta el coquí,
donde canta el gallo y canta el coquí.

Yo quisiera ser la voz del jilguero,
yo quisiera ser la voz del jilguero,
mirarme en tus ojos y peinar tu pelo,
mirarme en tus ojos y peinar tu pelo.

Si en tu habitación sientes algún ruido,
Si en tu habitación sientes algún ruido,
es mi corazón que sueña contigo,
es mi corazón que sueña contigo.

Dices que me quieres de cierta manera
dices que me quieres de cierta manera
yo soy como yo soy no como tú quieras,
yo soy como yo soy no como tú quieras.

Mi papá probó, yo también probé,
mi papá probó, yo también probé,
azuquita negra, dámela otra vez,
azuquita negra, dámela otra vez.

Por una sonrisa
Aguinaldo

Por una sonrisa tuya
me atrevo contar (2)
granito a granito
la arena del mar. (2)

Y si tú me miras
me voy a inspirar (2)
que por una sonrisa tuya
me atrevo contar
granito a granito
la arena del mar.

Tal vez algún día
podremos bailar (2)
por una sonrisa tuya
me atrevo contar
granito a granito
la arena del mar.

El último verso,
voy a terminar (2)
por una sonrisa tuya
me atrevo contar
granito a granito
la arena del mar.
Tampa, Florida,
16 de noviembre de 2008

Provocadora

Una sonrisa en tus labios,
una mentira en tu boca
estando presente las mujeres
tú eres la que me provoca.

Cuando contemplo tu cuerpo
y tu preciosa boca
no sé cómo me contengo
frente a mujer tan preciosa.

Aunque eres mentirosa
yo no puedo comprender
porque eres orgullosa;
¡pero al fin eres mujer!

Una sonrisa en tus labios,
una mentira en tu boca
estando presente las mujeres
tú eres la que me provoca.

Cuando contemplo tu cuerpo
y tu preciosa boca
no sé cómo me contengo
frente a mujer tan preciosa.

Aunque eres mentirosa
yo no puedo comprender
porque eres orgullosa;
¡pero al fin eres mujer!
1970

Puerto Rico

Puerto Rico tiene
montes y praderas (2)
y allá en la montaña
vive mi morena. (2)
Coro
El caqui y los gallos
cantan por doquiera;
que Puerto Rico tiene
montes y praderas
y allá en la montaña
vive mi morena.
Coro
Puerto rico tiene
monte y praderas
y allá en la montaña
vive mi morena.
Coro

Sigue…

Puerto Rico sigue…

El perro del campo
le ladra a cualquiera;
que Puerto Rico tiene
montes y praderas
y allá en la montaña
vive mi morena.
Coro
.Por la madrugada

relincha la yegua
y coquí responde
cerca de la vega.
Coro
Ya yo me despido
aunque no quisiera.
Puerto Rico tiene
montcs y praderas,
y allá en montaña,
vive mi morena.

¡Qué Amiga!

Creía que me amabas
pero estaba equivocado,
pues amigas como tú
se encuentran en cada lado.

Te di todo mi cariño
no lo supiste apreciar
amigas como tú,
que más se puede esperar.

Me engañaste como a un niño,
tenías muchas experiencia
pero yo muy tranquilo
cómo estará tu consciencia.

Gracias te doy, vida mía
por alejarte de mí.
Que Dios siempre te bendiga,
ese favor le pedí.

¡Qué amigo!

Que pongan un ritmo
que tenga sabor
Que pongan un ritmo
que tenga sabor,
para que tú veas
cómo bailo yo. (2)
(coro)
Que yo le bailo la salsa
y le bailo el guaguancó (2)
Échate pa'cá morena
veras cómo bailo yo.
Échate pa'cá morena
veras cómo bailo yo.
(coro)
Porque yo nací salsero
y lo mío es basilar,
Échate pa'cá morena
para que aprendas a bailar.
Échate pa'cá morena
para que aprendas a bailar.
(coro)
Un pasito para adelante
y un pasito para atrás
si tú me sigues el paso,
así podemos bailar. (2)

Querida sobrina Michelle

Querida sobrina te vamos a cantar,
querida sobrina te vamos a cantar
un aguinaldito que te va a gustar,
un aguinaldito que te va a gustar.

También a Daniel vamos a cantar,
también a Daniel vamos a cantar
un aguinaldito que te va a gustar,
un aguinaldito que te va a gustar.

Quisqueya y Borinquén patria celestial
Quisqueya y Borinquén patria celestial.
Querida sobrina te vamos a cantar,
un aguinaldito que te va a gustar. (2)

Bourdón y Román y unos cuantos más
querida sobrina te vamos a cantar
un aguinaldito que te va a gustar,
un aguinaldito que te va a gustar.

Son nuestras culturas, no quiero olvidar,
son nuestras culturas, no quiero olvidar,
querida sobrina te vamos a cantar
un aguinaldito que te va a gustar.
2009

Rumores

Me dicen que me olvide de tu nombre;
dicen que tú no eres para mí,
ellos no saben lo que los dos sentimos
imposible que me olvide de ti.

Nunca había sentido lo que siento a tu lado;
no es sólo sexo lo que me atrae de ti;
son tantas cosas inexplicables
por eso es que vivo por ti.

dos veces yo he sido casado,
nunca encontré lo que siento por ti
por eso yo estaré a tu lado
hasta que llegue el día
que tenga que partir.
24 de agosto de 2010

Sagrada Familia
Aguinaldo

En la Noche Buena
un niño nació
María fue su madre (2)
Jesús le llamó.
(Coro)
Cerca de Belén,
allí se crió,
José fue su padre (2)
Jesús le llamó.
(Coro)
Juan era su primo,
fue quien lo anunció
y a él en el desierto (2)
también lo bautizó.
(Coro)
Con la Buena Nueva
que Juan proclamó
habló de Jesús,
el Hijo de Dios.

Solo nací

Solo vine al mundo y así partiré,
solo vine al mundo y así partiré,
como nada traje nada llevaré.
como nada traje nada llevaré.

Escúchame amiga y perdone usted,
escúchame amiga y perdone usted,
busque del Señor pues yo lo encontré,
busque del Señor pues yo lo encontré.

Corrí la carrera como Pablo diré,
corrí la carrera como Pablo diré
con Cristo se puede y con él triunfaré
con Cristo se puede y con él triunfaré.

Todo fue ganancia mi historia conté
todo fue ganancia mi historia conté
dígame si puede decir lo mismo usted,
dígame si puede decir lo mismo usted.
(Repique del cuatro)

Con el mismo verso me despediré,
con el mismo verso me despediré,
solo vine al mundo y así partiré,
como nada traje nada llevaré.

231

Tradición puertorriqueña
(Coros)

Los puertorriqueños en las Navidades,
los puertorriqueños en las Navidades
llevamos parrandas a las amistades,
llevamos parrandas a las amistades.

En Borinquén fue donde yo nací,
en Borinquén fue donde yo nací,
donde canta el gallo y canta el coquí,
donde canta el gallo y canta el coquí.

Yo quisiera ser la voz del jilguero,
yo quisiera ser la voz del jilguero,
mirarme en tus ojos y peinar tu pelo,
mirarme en tus ojos y peinar tu pelo.

Si en tu habitación sientes algún ruido
si en tu habitación sientes algún ruido
es mi corazón que sueña contigo,
es mi corazón que sueña contigo.

Dices que me quieres de cierta manera,
dices que me quieres de cierta manera,
yo soy como soy no como tú quieres,
yo soy como soy no como tú quieres.

Tu cumpleaños

En tu cumpleaños te felicitamos,
en tu cumpleaños te felicitamos,
un grupo de amigos y varios hermanos,
un grupo de amigos y varios hermanos.

Felicitación a ti te traemos,
seas como seas siempre te queremos.
Amigos son ellos que siempre llamamos
no importa distancia ni los océanos.

De South Carolina vino Aída Román,
en tu cumpleaños a felicitar,
en tu cumpleaños te felicitamos,
un grupo de amigos y varios hermanos.
12-20010

Tu libertad

Te hice una pregunta
y me contestaste
que querías estar sola
y no puedo obligarte.

Te pedí perdón
y no me perdonaste
que voy a decir
si no quieres a nadie.

Tú vives soñando
y quieres olvidarme
no tienes valor
eres muy cobarde.

Sola quedarás,
tú lo deseaste
yo sigo el camino
que tú marchitaste.

Tu imagen

Yo pensando en ti contigo soñé
yo pensando en ti contigo soñé,
mujer como tú nunca encontraré.

No puedo olvidad la primera vez
no puedo olvidad la primera vez
que miré tus ojos y me enamoré.

Al mirar tus senos yo me transformé
al mirar tus senos yo me transformé
y entonces pensaba quiero ser bebé.

Y más abajito yo luego pensé,
y más abajito yo luego pensé,
la luna es de queso y ahí desperté.
4-2010

Tu olvido
Aguinaldo

Tengo que olvidarte,
aunque sufriré (2)
de mi corazón
yo te sacaré. (2)

poquito a poquito,
así yo lo haré
aunque piense en ti
yo te olvidaré. (2)

Pues nada es eterno
yo confesaré (2)
y si no hubo carácter
tú sabes por qué. (2)

creí que eras otra
y me equivoqué (2)
¡Qué puedo decir,
si tú eres mujer…!

Con el mismo verso
me despediré; (2)
tengo que olvidarte;
aunque sufriré
de mi corazón
yo te sacaré.
10 de septiembre de 2010

Tuyo

Yo soy tuyo, solamente tuyo
y te voy a dar tus mejores día
quiero que tú seas mía , solamente mía
y hacerte feliz en mi compañía.

Dejemos atrás las cosas pasadas
y miremos al frente.
La felicidad será premiada
son promesas del Omnipotente.

Que no te agobie nada
ni permita que pase por tu mente
pues la felicidad está en nuestras almas
y será para siempre.

Unidad en Navidad

Cantando aguinaldo
si alegre te sientes
cantemos unidos
al año que viene.
Coro
Al que es positivo
nada lo detiene
cantemos en coro
cantemos alegres.
Coro
Piensa en los demás
no piense en ustedes
todo alegrarás
el año que viene.
Coro
Ya nos despedimos
se canta y se bebe
mil felicidades
deseamos a ustedes.
HMB 2011

Vete

Vete y goza tu vida
todo lo que quieras
pero yo te digo que
hay muchas tinieblas
en la oscuridad.

Y cuando regreses
la luz que dejaste
ya no encontrarás.

Tienes el derecho con
tus aventuras
de hacer lo que eres,
pero por tu acción
y tus travesuras
ya no encontrarás.

Cuando menos piense
alguien en la
calle te desnudará.

Vivir sin ti

No puedo vivir sin ti
tú ya sabes la razón;
me dijiste que me amabas
y tocó mi corazón.

Mi compañera serás,
así lo quiere el Señor;
ser mi amiga me dijiste,
ser tu amigo, acepté yo.

Aunque amigos lo seamos
tuyo es mi corazón
y tal vez en el futuro
Dios acepte nuestra unión.
Abril de 2010

What is Christmas?

Christmas is not only
food, gifts, and alcohol
let's give many thanks
to Christ, our Lord.

For you and for me,
He died on the cross.
Let's give many thanks
to Christ, our Lord.
(Chorus)
Christmas is not only
food, gifts, and alcohol
let's give many thanks
to Christ, our Lord.

To love one another
He commanded us,
Let's give many thanks
to Christ, our Lord.
(Chorus)
Christmas is not only
food, gifts, and alcohol
let's give many thanks
to Christ, our Lord.

[12]La barca en la playa

La barca en la playa, los remos al sol,
sentí su mirada, me habló al corazón.
Remé mar adentro, remamos los dos,
el viento en contra, el sol se ocultó.

Jesús proclamaba el reino de Dios.
Jesús me decía: serás pescador;
por meta, los cielos, por viento, el amor.

Y en la arena, en la arena
de los hombres, de los hombres
y en lo alto, en lo alto
y en la barca, en la barca.

En la arena, allí estaba,
en lo alto la madre de Dios
y en la barca remaba el Señor;
él me llamó, Él me eligió
y Él lleva de mi barca el timón
soy mensajero de su amor.

---

[12] Del libro: **Flor y canto**; página 704

Borinquén

En Borinquén fue donde yo nací (2)
donde canta el gallo y canta el coquí.(2)
Coro
A temprana edad del campo salí (2)
a buscar fortuna para otro país.
Coro
En Borinquén fue donde yo nací
donde canta el gallo y canta el coquí.
Coro
Imagínate como me sentí
cuando de mi madre yo me despedí.
Cora
En Borinquén fue donde yo nací
donde canta el gallo y canta el coquí.
Coro
En los Nuevayores fue que yo aprendí
que lo que tú quieres depende de ti.
Coro
Cuando llegue al cielo le quiero pedir
rieguen mis cenizas donde yo nací.
Coro
Con el mismo verso voy a despedir
en Borinquén fue donde yo nací
donde canta el gallo y canta el coquí
donde canta el gallo y canta el coquí.
HMBR-2008

Los Puertorriqueños II

Los puertorriqueños...
en las Navidades
los puertorriqueños...
en las Navidades
llevamos parrandas
a las amistades.

Comemos lechón...
y mandamos postales...
que los puertorriqueños
en las Navidades
llevamos parrandas
a las amistades.

Arroz con gandules
en todos los lugares
arroz con gandules
en todos los lugares...
que los puertorriqueños
en las Navidades
llevamos parrandas
a las amistades.

Los Tres Reyes...
Son muy especiales
los Tres Reyes Magos
son muy especiales.
HMBR
5/24/20

Epílogo
Gran milagro

Entre las actividades que más me gusta hacer en mi tiempo libre es ir a pescar, mar adentro, en el bote de mi hermano Ricardo. El mar, su inmensidad y su belleza, provocan en mí ser una tranquilidad y una paz únicas. Ya antes de tener la oportunidad de ir mar adentro en la pesca, lo hacía de niño en la quebrada y luego en Queens, NY, lo hacía en una laguna que estaba aledaña a mi hogar. No fue hasta que vine a vivir a Tampa, FL, cuando comencé a pescar en la orilla del mar o adentrándome en él. La experiencia que voy a relatar ahora fue una señal del Cielo para reforzar mi fe y mi confianza en el amor eterno de Jesús, el Nazareno de Galilea. Junto con Ricardo y unos amigos de él planificamos salir de pesca el día sábado, 4 de agosto de 2012. Salimos a la 6:00 dc la mañana en dos botes, once personas; en cl bote de Ricardo íbamos, además de él y yo, su hijo Ricardito, y sus magos Brian, Pepe, Jimmy y Manny. Este era el bote más grande y supuestamente mejor equipado. En el más pequeño iban Paul y su padre, junto a dos amigos. Todos íbamos muy contentos, haciendo chistes y comentando la buena pesca que haríamos. Nos adentramos como a cincuenta millas de la costa, mar adentro y pescamos varias truchas. Entretenidos y felices como estábamos no nos dimos cuenta de que el mar comenzó a estar 'picado'. Y de pronto fue todo muy rápido y el tiempo comenzó a cambiar y decidimos poner los botes en marcha de regreso. Cuando estábamos como a catorce millas de la costa el bote nuestro comenzó a fallar. De acuerdo a Richie la avería era en el tanque de gasolina que estaba sucio, tapando el filtro; esto provocaba que el motor no tuviera fuerzas.

Tratamos de limpiar el filtro porque la tormenta nos azotó como a doce millas y se perfilaba en todo su apogeo y prometía aumentar sus fuerzas. Me sorprendió mucho el gran aplomo que demostró tener mi hermano, sin perder la calma y tratando de hacer lo mejor; mucho más si se tiene en consideración que allí, con él estaba su hijo menor y único varón, un jovenzuelo. Me sorprendí que en medio del temor de los otros ocupantes de los botes, que hasta comenzaron a maldecir su suerte, yo me sintiera tranquilo y confiado de que saldríamos de esta situación airosamente.

Ante la situación preocupante decidimos por unanimidad que el bote de Paul halara el nuestro. Mientras el bote menor halaba al mayor vimos venir una gigantesca ola que se acercaba a nosotros. Desesperado Paul decidió enfrentar la ola de lado, en vez de hacerlo de frente y ésta hundió el bote, cayendo los cuatro tripulantes al agua. Gracias a Dios que todos tenían salvavidas puestos y con trabajo los pudimos recoger. A este punto, ya la situación se nos escapaba de las manos y tratamos de pedir ayuda desesperados. Pero la torre de control no nos contestaba, entonces comenzamos a disparar las señales de emergencias, utilizada en estos casos. La Guardia Costanera no recibía muy bien nuestras señales de auxilio, poro nosotros sí podíamos escucharlos a ellos. Otro gran problema era que a la distancia que estábamos los teléfonos celulares no alcanzaban la señal. Otro mal augurio que me hizo comprender que *«la cosa no pintaba bien»* fue que el bote comenzó a llenarse de agua, porque las olas eran gigantescas y tenía el peso de once tripulantes. Las pompas automáticas para sacar el agua dejaron de funcional. Al instante, Richie comenzó a tratar de poner a funcionar las pompas y mientras todos tratábamos de sacar el agua con baldes. También fuimos sacando del bote varia cosas que implicaban un peligro inminente, tales como: un envase con gasolina, lo nevera con lo pescado y una caja con pesas que utilizábamos en la pesca. A pesar de mi preocupación por la experiencia inusitada que estábamos viviendo, no dejó de sorprenderme mirar el bello espectáculo que veían mis ojos. El mar rugiendo muy enojado, y las olas batiendo el bote como si fuera una minúscula e insignificante cosa que se arrastraba y que llevaba dentro la vida de once personas, cada uno de ellos con una maravillosa historia personal. Casi todos ellos eran de mediana edad, Ricardito era un niño y yo era el anciano del grupo. Los rayos que alumbraban la noche parecían fuegos artificiales, pero yo sabía que eran uno de los mayores peligros que se cernían sobre nuestras cabezas. Tal vez fueron esos rayos los que me iluminaron y de repente me recordé del Maestro Jesús y sus discípulos y caí de rodillas al suelo, levantando mis manos, muy emocionado y pidiendo la ayuda de ese Amigo que nunca falla. Por mi memoria pasó la película de la escena donde una noche, Jesús, junto a sus doce discípulos, se encontró en una situación similar a la nuestra. Sentí como si yo hubiese estado allí, junto a Él.

«Mientras Jesús dormía tranquilamente, tirado en un rincón de la popa, en una noche muy oscura, una tormenta comenzó a azotar la barca. El viento rugía y el agua salpicaba la proa, provocando un frío que se colaba en los huesos. Los discípulos muy asustados llamaron a su Maestro y uno de ellos le dijo:

"Maestro, despiértate, mira que nos vamos a hundir."

–¡Tengan fe, que no nos pasará nada que no tenga que pasar! El Nazareno les respondió. Jesús levantando las manos al espacio infinito y con voz de mando le ordenó al viento que se apaciguara y a las olas que se calmaran.

Estando de rodillas y mientras esta maravillosa visión pasaba en mi mente comencé a conversar con el Maestro, henchido por la emoción del sublime momento, mientras clamaba a él en voz alta con mucha confianza:
–"Jesús, tú dices que pidamos y que nos escucharás. Por eso, te suplico, Señor que en tu nombre santo el mar se calme y salgamos en victoria de esta aventura." En haciendo este pedido sentí gran serenidad en mí, porque sabía que Él me había escuchado. Poco a poco el mar se fue calmando; aún así todavía no nos sentíamos a salvo pero Richie pudo arreglar las pompas que sacaban el agua. También podíamos escuchar la voz de la Guardia Costanera, pero aparentemente ellos no nos escuchaban a nosotros. De pronto Ricardo me dice:

–"Manolo, trata esta señal en el radio, se trataba de una clave Morse, que se usaba antiguamente para recibir señales por telégrafo. Usa la clave vip-vip." Así lo hice y desde el control del radio nos contestaron que les había llegado la señal de socorro. Les podemos entender la señal, adelante! Si tienen una emergencia nos dan 3 vip, si hay niños o alguien con ustedes que necesite emergencia den 2 vip. Siguiendo las instrucciones dadas por la persona en la torre de control de la Guardia Costanera, dimos los vip-vips pertinentes. –"Necesitamos saber la ubicación exacta de donde están. Si están a cincuenta millas den dos vips; si es a treinta den tres vips, a veinte y a diez, sucesivamente den los vips requeridos." Ya sabiendo, más o menos las coordenadas y la posición donde nos encontrábamos, decidieron buscarnos. La espera se nos hizo eterna porque se tardaron como cuatro horas en venir a rescatarnos. A eso de las 10:00 pm llegaron la Guardia Costaneras, que remolcaron el bote hasta el puerto. Mientras tanto las esposas de los once tripulantes estaban desesperadas sin saber de nosotros, muy especialmente la madre de Ricardito. Y tenemos que darle las gracias a Dios primero y luego a la Guardia Costanera por la ayuda prestada. Hemos aprendido, o al menos yo, que la próxima vez no nos alejaremos más de ocho millas de distancia, que es cuando todavía funciona la señal de los teléfonos celulares. También es muy importante averiguar cómo va a estar el tiempo. ¡Sé que Dios tiene algunos planes para mí y aquí estoy al servicio de mi hermana, la humanidad!

Comparta la noticia de estos libros útiles con sus amigos:

.

Escucha y Habla Inglés:
Claves de Gramática y Pronunciación del Inglés

> **PRINT:**
> https://www.createspace.com/1000240042

> **DIGITAL:**
> http://1.guacuru1.pay.clickbank.net

.

ESL and Adult Learners of English
CAN WRITE RIGHT!
.

PRINT:
http://tinyurl.com/ncyufe7

> **DIGITAL:**
> **http://www.bookslibros.com/writing.htm**

.

WEBSITES:
http://www.GoodAccent.com
http://www.BooksLibros.com/LibrosEnEspanol.php
http://www.BooksLibros.com/SpanishForNinos.htm
http://www.InglesParaLatinos.com

www.ingramcontent.com/pod-product-compliance
Lightning Source LLC
Chambersburg PA
CBHW050437290526
45786CB00006B/2064